**종교 권력은 세계 역사를
어떻게 움직였나**

믿음의 흥망성쇠로
이해하는 세계사

종교 권력은
세계 역사를
어떻게 움직였나

우야마 다쿠에이 지음 ┃ 안혜은 옮김

시그마북스
Sigma Books

종교 권력은 세계 역사를 어떻게 움직였나

발행일 2021년 6월 7일 초판 1쇄 발행
지은이 우야마 다쿠에이
옮긴이 안혜은
발행인 강학경
발행처 시그마북스
마케팅 정제용
에디터 최연정, 장민정, 최윤정
디자인 김문배, 강경희

등록번호 제10-965호
주소 서울특별시 영등포구 양평로 22길 21 선유도코오롱디지털타워 A402호
전자우편 sigmabooks@spress.co.kr
홈페이지 http://www.sigmabooks.co.kr
전화 (02) 2062-5288~9
팩시밀리 (02) 323-4197
ISBN 979-11-91307-37-5 (03900)

"SHUKYO" DE YOMITOKU SEKAISHI
by Takuei Uyama
Copyright ⓒ 2020 by Takuei Uyama
All rights reserved.
Original Japanese edition published by Nippon Jitsugyo Publishing Co., Ltd.
Korean translation rights ⓒ 2021 by Sigma Books
Korean translation rights arranged with Nippon Jitsugyo Publishing Co., Ltd., Tokyo
through EntersKorea Co., Ltd. Seoul, Korea

지은이의 말

이 책은 종교학 서적이 아니다!

　종교의 교리를 알려주는 책이 아니라, 종교가 세력을 확장한 방법과 안전보장 전략의 일환이었던 종교의 패권 공방 과정을 살펴보는 책이다. 즉 '종교지정학' 서적이라 할 수 있다.

　종교가 인간을 구원으로 이끈다는 성선설로는 종교의 본질에 다가갈 수 없다. 종교는 타인을 자기에게 종속시키는 정신 침식의 도구다. 그런 의미에서 종교는 안전보장과 직결되는 문제다.

　이 책에서는 종교 세력이 어떻게 공방과 침식, 균형을 이루었는지 한

눈에 파악하고자 현재의 국경선을 표시한 세계지도를 그 지정학 매트릭스로서 각 부의 첫머리에 실었다. 이에 따라 본문을 진행하면서 각 종교의 역사 동향을 살펴보고자 한다.

종교는 문명의 기반이다. 또한 문명은 자기와 타인을 구분하는 역사의 단위 벡터다. 각 나라의 문명이 무엇이고, 다른 나라와 어떻게 다른지 등을 논할 때 종교는 필수다.

눈앞의 단기적 뉴스 해설로는 이해할 수 없는 일이 많다. 따라서 문명사라는 큰 틀을 통해 오늘날의 국제 정세를 조감할 필요가 있다. 그런 의미에서 역사는 우리에게 그러한 시야를 제공한다.

2020년 8월

우야마 다쿠에이

차례

제 1 부

동아시아
중화 질서의 위협

제 2 부

인도 · 동남아시아
다신교 확산의 위협

제 3 부

유럽

종교개혁에 의한 근대국가의 탄생

제 **4**부

중동 · 중앙아시아 · 아프리카
상업 이권에 입각한 이슬람교

서문

종교지정학, 종교 세력 공방이 역사의 본질

국가 이전에 종교가 있다

예로부터 지배자는 영토, 자원, 기술, 3요소를 지배 도구로 삼았다. 영토 확장, 물적·인적 자원 확보, 우수한 기술 습득을 통해 경제적·군사적 우위에 서려고 했다.

이러한 3요소가 눈에 보이는 핵심 도구라면, 눈에 보이지 않지만 엄청난 위력을 행사하는 요소가 바로 종교다. 인간은 개인, 부족, 민족 단위로는 분열되어 있으나 종교를 통해 사고와 사상을 공유하고 하나의 가치 이념을 위해 협동한다.

종교의 협동작용은 인간을 통합하는 데 이용된 동시에, 외부 세력을 자기 세력으로 끌어들이는 데에도 이용되었다. 협동작용은 안팎으로 효과를 나타냈다. 협동작용을 노련하게 활용하는 지배자는 번성하고, 그렇지 못한 지배자는 쇠락하는 것이 역사의 일반적인 원칙이었다.

대대로 뛰어난 지배자는 영토 확장 이상으로 종교 확장에 힘쓰며 협력자를 확보했고, 사실상 그들을 피지배자로 만들었다. 그러한 측면에서 종교 세력 간 공방은 진정한 역사의 본질이며, 국가 간 공방은 그것이 표면화된 현상이라고 할 수 있다.

기독교는 로마 제국의 통합에 이용되었다. 기독교 세력은 로마 제국의 판도를 넘어 계속 확장되었고, 중동까지 큰 영향을 미쳤다. 이때 중동에 급격히 확산된 기독교를 네스토리우스파라고 한다. 위기감을 느낀 이란인 사산 왕조 페르시아는 조로아스터교를 국교로 지정하고 3~6세기에 걸쳐 기독교 세력에 대항했다. 그러나 조로아스터교는 이란인이 우월하다는 선민주의 사상 때문에 다민족으로 이루어진 중동을 통합하지 못했다. 그러다 7세기에 선민주의를 비판하고 '신 앞의 평등'을 외치는 이슬람교가 등장해 기독교 세력의 새로운 대항마로 떠올랐다.

이슬람교 세력은 중동을 통일한 후 기독교가 득세한 시리아와 이집트, 북아프리카 일대를 이슬람화했다. 8세기에는 스페인에 쳐들어가 해당 지역을 이슬람화하며 기독교 세력을 몰아냈다. 현재 이슬람교 인구는 전 세계적으로 꾸준히 증가하는 중이며, 반세기 이내에 기독교 인구를 넘어설 것으로 보인다. 최근 유럽의 보수파는 기독교 지역으로 밀려드는 수많은 이슬람 이민자들이 자신들의 기독교 커뮤니티를 파괴할 우려가 있다며 이민제한을 호소해 큰 지지를 얻고 있다.

종교는 공공성을 위장한 공작과 지배의 도구

기독교 선교사들은 세계 각지에서 포교 활동을 하며 신도들을 협력자(내통자)로 만들고 정보를 입수해 내란을 일으켰다. 표면적으로는 인간의 구원을 위한 포교 활동이었지만, 사실상 침략의 첨병으로서 공공연하게 공작 활동을 펼쳤다.

일신교인 기독교는 스스로를 절대화하며 다른 종교를 용납하지 않는다. 따라서 사이비 종교에 사로잡힌 이교도를 해방시키는 일은 숭고한 사명이며 흉악한 침략이 아니었다. 일본을 방문했던 예수회 선교사 알레산드로 발리냐노는 1582년 마카오에서 필리핀 총독에게 다음과 같은 편지를 보냈다.

"동양에서의 정복 사업은 영적으로 뿐만 아니라, 폐하(스페인 왕 펠리페 2세) 왕국의 세속적 진전에도 득이 될 것입니다. 여러 정복 사업 중 가장 큰 한 가지는 각하(스페인의 필리핀 총독) 바로 근처에 있는 이곳, 지나(중국)를 정복하는 일입니다."

발리냐노는 중국을 정복해야 한다고 말한다. 물론 일본도 정복 대상에 포함되어 있었다. 다만 일본은 군사력이 탄탄하고 규율 통제가 엄격해서 정복이 어려울 것이라는 게 선교사들의 일반적인 생각이었다고 한다.

당시 국제 정세에 밝았던 도요토미 히데요시는 이를 꿰뚫어보고 바테렌 추방령을 공표했다. 도쿠가와 이에야스 역시 기독교 포교를 금했다. 반면 상업 국가였던 네덜란드에 대해서는 많은 정보를 입수해 교역을 허가했고 상업적 이익만 취했다. 메이지 정부는 개국과 동시에 기독교 포교를 묵인했으나, 그에 대한 방어책으로 천황을 중심으로 하는 고유의 종교 신도(神道)를 사실상 국교로 삼고 자국 내셔널리즘을 찬양했다.

중국, 동아시아의 종교지정학

침략성을 감춘 것은 기독교뿐 아니라 중국의 유교도 마찬가지였다. 유교를 중화사상과 결합시켜 그 수용을 대외적으로 강요했다. 대표적인 것이 조선이었다. 조선시대에 이르자 유림의 수는 계속 증가했고, 9세기에는 전국에 680개소의 유림이 세워졌다.

잠시 현재로 돌아와 아시아 정세를 살펴보자. 중국공산당은 위구르인의 종교인 이슬람교와 티베트인의 종교인 티베트불교에 심각한 종교 탄압을 가하고 있다. 그들에게 종교란 말 그대로 중국에 저항하는 마지막 보루이기 때문에 이것을 잃으면 복속되는 길 밖에 없다. 중국공산당은 종교의 협동작용이 갖고 있는 강인한 결속력을 잘 알기 때문에 종교 봉쇄를 선결 과제로 삼고 잔인무도하게 그들을 탄압하는 것이다.

이것은 엄연히 종교 문명에 대한 말살이다. 역사적으로도 종교와 민족이 다른 세력을 자기 세력의 지배 영역에 끌어들이는 경우, 대개 공존공영의 협조 정책을 취한다. 대표적인 예가 이슬람 세계였던 오스만 제국으로, 그들은 기독교인과 유대교인에게 신앙의 자유를 허락했다. 종교관

도표 0-1 _ 중국이 지배해서는 안 될 독립 문명권

용이 상실되면 피탄압자들은 격렬한 내전을 일으키며 분리 독립하기 마련이다.

　중국은 종교와 민족이 다른 지역을 아무런 근거 없이 지배하고 불법으로 탄압하고 있다. 신장위구르자치구와 티베트뿐만 아니라 〈도표 0-1〉에 나온 네이멍구자치구(티베트불교)와 윈난(소수민족의 불교)도 애당초 중국이 지배해서는 안 될 독립 문명권이다.

종교는 안전보장과 직결된다

종교는 동서고금을 막론하고 공공성 성격을 띤 대외 공작과 지배의 도구로 정치에 이용되었다. 종교는 안전보장 문제와 직결되는 중요한 정치 과제다. 종교는 대외 위협과 쉽게 결합되어 눈에 보이지 않는 형태로 사회를 침식한다. 중국인들이 해외에서 땅을 사들이는 것 같은 영토 침식은 겉으로 드러나기 때문에 금세 알 수 있지만, 종교를 매개로 한 정신적 침식은 그렇지 않기에 더욱 무섭다.

이와 관련해 개인적인 경험이 있다. 모 국회의원의 선거를 돕던 중이었는데, 갑자기 어떤 무리가 나타나더니 포스터 부착과 전단지 배포를 도와주는 것이다. 연설회장에서도 의자 배치와 짐 정리를 일사천리로 해치웠다. 선거운동 경험이 많은 듯해서 그들에게 어디서 왔는지 물었더니, 본부가 모 나라에 있는 종교 단체에서 왔다고 답했다. 여야를 불문하고 국회의원 중에는 이러한 종교집단의 원조를 받는 사람이 적지 않다.

다시 강조하지만 종교는 공작과 지배의 도구이며, 통치자의 지배를 위한 편리한 도구이다. 이 책에서는 각 종교의 역사적 공방과 지정학적 전개를 살펴보면서 종교의 본질(특히 일신교)은 어디까지나 교묘한 속임수와 강탈의 패권 역학으로 가득하다는 점을 폭로하고자 한다. '종교는 구원'이라는 기존의 성선설에서 벗어나야 한다. 종교에 내재된 흉악성을 직시할 때, 비로소 대외적인 종교 패권에 대응할 수 있는 길을 찾을 수 있다.

제 **1** 부

동아시아
중화 질서의 위협

제1부 동아시아

중화 질서의 위협

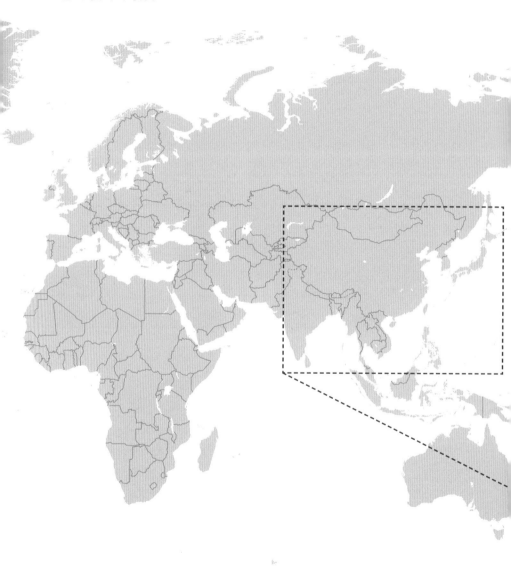

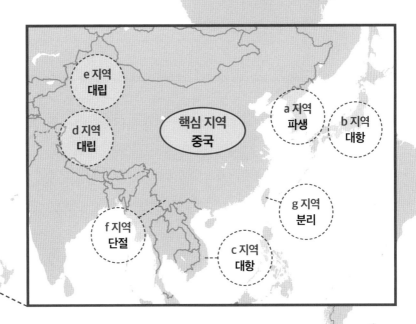

e 지역
대립

d 지역
대립

핵심 지역
중국

a 지역
파생

b 지역
대항

g 지역
분리

f 지역
단절

c 지역
대항

Chapter 1

팽창하는 중화, 그리고 주변 국가들

핵심 지역 = 중국
유교문화에 의한 중화사상

유교가 낳은 삼궤구고두례

중국은 패권을 확고히 다지고자 독특한 사상 체계를 만들었다. 유교에 바탕을 둔 중화사상이다.

청 왕조의 신하들은 황제를 알현할 때마다 '삼궤구고두례(三跪九叩頭禮)'를 올렸다. 황제의 내관(환관)이 새된 목소리로 "궤!"를 호령하면 신하들은 무릎을 꿇고 "일고두", "재고두", "삼고두"에 맞춰 총 3번 땅에 머리를 조아린 후 "기"에 일어선다. 그리고 다시 "궤!"에 맞춰 무릎을 꿇고 이 과정을 반복한다. 이 행위를 총 3번 반복한다 하여 '삼궤구고두례'라 한다.

유교는 '장유유서'와 같은 상하관계 서열을 중시한다. 특히 군주와 신하의 분별이 중시되어 '삼궤구고두례'와 같은 예법이 확립되었다. '군신의 분별'은 '화이(華夷)의 분별'이라는 관념으로 이어진다. '화이의 분별'이란 중국이 주변 이민족(이)보다 우월하다는 관념이다. 세상의 중심은 중국이며 주변 이민족은 중국의 은혜에 납작 엎드려 신하로서 따르는 것이 미덕이라고 여겼다. 즉, 중국은 화이의 분별에 따라 중국과 주변국의 관계를 군신관계로 규정하고 각국에 신하의 예를 갖추도록 요구한 것이다.

일본은 1873년 메이지시대, 외무대신 소에지마 다네오미가 북경을 방문해 황제를 알현할 때 삼궤구고두례를 요구 받았으나 거부했다. 그는 무릎을 꿇지 않은 채 입례를 했다. 18세기 말 중국을 방문한 영국의 외교관 조지 매카트니도 삼궤구고두례를 거부, 영국식으로 한 쪽 무릎만 꿇고 황제에게 절했다.

화이의 분별은 중화사상을 근간으로 한다. '화(華)'를 문명이라 하면, 중국인은 문명 '안'에 있는 '중화'이고 주변 이민족은 문명 '밖'에 있는 이적(야만인)이었다. 북송의 재상이자 역사가인 사마광은 1084년 『자치통감』에서 중화사상을 체계적으로 정리해 정착시켰다. 그는 일본, 조선 등의 동방 국가를 '동이'라 부르며 주변 야만인들과 동일하게 취급했다.

사마광의 중화사상을 계승한 남송시대 유학자 주희는 『자치통감』을 예찬하며, 자신의 저서 『자치통감강목』에서 중화사상을 유학의 세계관과 통합했다. 그는 화이의 분별이 유교의 예 중에서 가장 중요한 덕목이라고 강조했다.

중국인들은 중화사상에 따라 주변 민족을 '화외지민(化外之民)'이라 불렀다. 유교문화의 교화가 미치지 못하는 백성이라는 뜻이다. 화외지민은 금수에 가까운 존재였기 때문에 거의 인간 대우를 받지 못했다.

유교는 종교인가?

중국인은 농촌사회 기반으로 형성된 농경민족이었다. 이러한 폐쇄적 공동체는 사회규율과 규범의식이 중요했기 때문에 유교가 민족의 사상으로 수용되었다. 윗사람이나 지배자를 거역하지 말 것, 조상을 공경할 것, 약속을 지킬 것, 공동체에 순종할 것 등 농경 생활에 필요한 규율이 유교를 통해 제공되었다. 농경이 일상인 공존사회답게 연공서열, 군신의 정, 조선제례, 자연찬미 등의 규율을 중시했고 개인주의와 개성은 배척했다.

유교는 종교일까? 공자가 제창한 유교는 인간의 삶과 정신에 대해 논하는 윤리 또는 철학이다. 신의 교리가 아니므로 엄밀히 말하면 종교가 아니지만 사실상 종교나 다름없다.

고대 중국인은 초자연적인 '하늘'을 섬겼다. 하늘은 만물을 관장하며, 인간은 하늘에 의해 땅에 내려왔다가 죽으면 다시 하늘로 돌아간다. 이러한 세계관 속에서 조상을 하늘에 가장 가까운 존재 또는 하늘이라는 추상물이 구체화된 존재로 여기며 신봉했다. 그래서 조상의 핏줄로 연결된 씨족을 중시했고 종법, 즉 조상제례에 관한 규율과 규칙을 정해 사회 전체의 질서로 삼았다. 우리는 어떤 일에 실패하거나 죄를 지었을 때 '조상님 뵐 낯이 없다'라고 하는데, 이는 잠재적으로 계승된 유교 정신문화의 표출이다.

조상제례를 사상의 근간으로 한다는 점에서 유교는 종교라 할 수 있다. 유교는 윤리적인 옳고 그름을 물을 뿐 아니라 윤리 규범을 부여하는, '하늘'에 대한 믿음을 묻는 신앙이기도 하다. 유교는 '예'라는 의식을 통해 '하늘'과 '조상'에 대한 믿음을 체현하겠다는 강렬한 종교적 동기에서 그러한 윤리세계를 내세운다. 또한 기독교와 이슬람교처럼 교리와 성전(聖典), 계율도 있다. 엄격한 윤리 규정이 선행되는 탓에 '종교와 거리가 먼' 것처럼 보이지만 사실은 그렇지 않다.

일본은 중화문명으로부터 독립한 문명권

조선은 유교의 영향을 가장 크게 받은 지역이다. 유교는 4세기 후반 한반도에 처음 전파되었으며, 7세기에 통일 왕조 신라에 의해 국교로 지정되었다. 14세기에 조선은 성리학(남송의 주희가 재구축한 유교 일파)을 국학으로 지정했다.

일본은 6세기에 유교가 전파되었고 7세기 덴무 천황이 구축한 통치제도(율령제)에 신분제 등의 유교적 요소가 반영되었다. 17세기 에도시대에는 성리학을 막부 공인 학문(관학)으로 지정했다. 그러나 유교문화의 수용과는 별개로 중화사상에 대한 복종을 줄곧 거부하며 중국에 대항했다.

일본은 유교를 비롯한 중국 문화의 영향을 강하게 받았기 때문에 유

도표 1-1 _ 유교문화권과 인도문화권

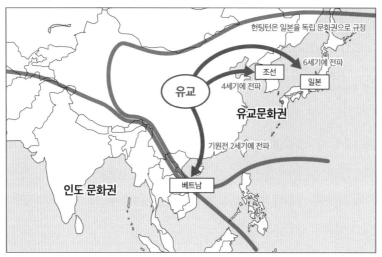

교문화권에 속한다는 설도 있다. 영국 역사가 아놀드 토인비는 "일본은 중국 문명의 위성문명"이라고 주장했다. 그러나 자세히 비교해보면 일본은 근본적으로 중국 문명과 다르다는 것을 알 수 있다. 일본은 일찍이 신도(神道)와 천황이 존재했고 독자적인 문화가 형성되어 있었다. 여기에 주목한 미국의 국제정치학자 새뮤얼 헌팅턴은 『문명의 충돌』에서 일본을 중화문명으로부터 독립하여 성립된 문명권으로 규정했다.

베트남은 기원전 2세기에 유교가 전파되었다. 11세기에 성립된 베트남 북부의 통일 왕조인 리 왕조부터 대대로 중국 문화의 영향을 크게 받았으며 유교를 존중했다. 베트남은 일본과 매우 유사한 방식으로 유교를 수용했으며, 조상제례 등의 유교정신에 따라 불교를 신봉하기도 했다.

이러한 유교의 영향력이 미치지 않은 나라는 태국과 미얀마 일대다. 이 지역은 인도의 영향으로 힌두교가 전파되었고 뒤이어 불교가 정착했다. 중국 왕조가 이 남방 지역을 지배하기에는 지리적으로 너무 멀었던 탓이다.

유교 종주국이 유교를 거부하는 모순

1949년 마오쩌둥은 중화인민공화국을 건국했다. 공산당 정권은 유교 사상을 봉건사회의 유물로 간주하며 송두리째 부정했다. 1966년에 시작된 문화대혁명은 유교를 비롯한 도교, 불교 등 과거의 문화 모두를 '사회주의의 적'으로 겨냥하며 부정했다.

공산당은 특히 공자를 '인간 쓰레기'로 폄하했다. 군신, 장유 등의 서열관계를 야기하여 계급 지배와 민중 착취를 정당화한 노예제 옹호 사상가로 단정한 것이다. 반면에 '분서갱유'를 단행한 진시황은 높이 평가했다. 봉건 신분제의 원점인 황제제의 창시자에게 이러한 평가를 내리는 것은 심각한 모순이었다.

마오쩌둥의 지지자들은 각지의 공자묘와 사당을 도끼와 망치로 때려 부수며 유교문화를 일소하려 했다. 아이들에게 공자 인형을 주어 때리고 발로 차면서 놀게 했을 정도라고 한다. 또 학교에서는 공자를 모욕하는 노래를 합창하게 했다.

2500년 동안 '성인'으로 추앙받던 인물을 이렇게까지 깎아내리니, 기가 막힐 따름이다. 사회주의를 도입한 지 20년도 채 되지 않은 당시의

중국이 2500년 역사를 하루아침에 무너뜨리려 한 것이다.

그러다가 덩샤오핑 시절인 1980년대 이후 개혁과 개방의 바람이 불면서 유교는 재평가되었다. 유교와 사회주의는 대립관계가 아니라고 보는 '유교사회주의'가 부상한 것이다. 거기다 『논어』가 학교 교육에 도입되었다. 2005년부터는 공자의

문화대혁명 지지자들에게 손을 흔드는 마오쩌둥(1966년)

탄생을 기념하는 축전이 국가 행사로 지정되었고, 문화대혁명기에 파괴된 공자묘와 사당이 재건되었다.

비록 일시적으로 유교를 배척했지만 유교적 사고는 중국인의 뼛속 깊이 스며 있다. 오랜 역사를 통해 축적된 정신문화는 쉽게 떨쳐낼 수 없다. 중국은 대외적으로는 유교적 중화사상을 더욱 강화했고, 대내적으로는 과거의 황제제 못지않게 독재를 강화하며 지배층의 계급서열화를 도모하고 있다. 그리고 대부분의 중국인은 이러한 계급 지배를 흔쾌히 따른다. 오늘날의 중국은 유교 질서에 따라 살아온 중국인의 정신문화에서 비롯되었다.

종교의 중국화

현재 중국공산당의 종교 정책은 기존처럼 마르크스주의의 무신론에 입각하여 탄압만 하는 것이 아니라, 적극적으로 회유해서 이용하기도 하는 '당근과 채찍'의 형태를 보인다. 공산당의 방침을 거스르는 종교나 단체는 가차 없이 탄압하지만, 방침에 순종하는 종교 단체는 국가 공인으로 지정해 법인 자격을 주고 보조금 등을 지급하며 우대한다.

2017년 8월 26일에 공포된 개정판 「종교사무조례」는 "헌법, 법률, 법규와 규제를 준수하고 사회주의 핵심 가치관을 이행하며 국가통일, 민족단결, 종교의 화합과 사회의 안정을 옹호해야 한다(제4조)"고 규정한다. 종교는 의무적으로 공산주의에 적응해야 하고, 국가는 법으로 종교를 관리한다는 뜻이다.

이른바 '종교의 중국화'이다. 마오쩌둥은 일찍이 '마르크스주의의 중국화'를 주창하고, 중국 사회에 맞춰 마르크스주의 원리를 수정했다. 애초에 중국 같은 농촌 사회는 마르크스주의와 상충함에도 불구하고 억지로 적용한 것이다.

종교도 본질적으로 공산주의적 유물론인 국가 체제와 상충되는데, 이를 무시하고 억지로 적용하여 '종교의 중국화'를 추진했다. 그 결과 불교 사원에서 중국 국기가 게양되는 등 '애국 종교 단체'가 우후죽순 생겨나고 있다.

또한 「종교사무조례」는 "각 종교는 독립 자주와 자변의 원칙을 견지하며 종교 단체, 종교 학교, 종교 활동 장소와 종교 사무는 외세의 지배를 받지 않는다(제36조)"라고 규정한다. 중국공산당이 가장 두려워하는 것은 외국의 적대 세력이 국내 종교 단체를 이용하여 반정부 움직임을 강화하는 것이다. 그래서 종교 단체가 공작 활동에 이용되지 않도록 신경을 곤두세우며 경계하고 감시한다.

2018년에 로마 교황청은 중국 당국이 임명한 7명의 중국 내 주교를 정식 승인하기로 합의했다. 11세기 유럽에는 성직 서임권 투쟁이라는 것이 있어서 교황과 신성로마제국 황제가 주교 인사 임명권을 놓고 격렬하게 맞붙었다. 오늘날 중국에서는 성직 서임권이 중국 당국에 있다는 것을 바티칸이 깨끗이 인정하고 타협한 것이다.

약 1,000만 명으로 추정되는 중국의 가톨릭 신자는 사실상 중국 당국의 감독 아래에 있다. 참고로 중국의 기독교 교회는 중국 당국에서 인정하지 않은 성직자를 세울 경우, 외세의 종교 지배를 받지 않는다고 규정한 「종교사무조례」제36조에 의거하여 폐쇄된다.

Chapter 2

소중화를 자처하는
유교 국가

a지역 : 파생
조선의 유교

왼손으로 입가를 가리고 마시는 유교적 관습

한국은 인간관계를 극단적으로 서열화하는 유교적 관습이 뿌리 깊게
남아 있다. 과거에는 양반이라는 지배층을 정점으로 한 엄격한 신분제
가 있었다. 그 영향으로 지금도 인간관계에서 항상 상하 서열을 의식한
다. 가령 건배를 할 때, 윗사람보다 잔을 조금 내려서 맞춘다. 윗사람이
술을 따라주면 양손으로 받고, 마실 때는 상대방의 시선을 피해 옆으로
몸을 돌리고 왼손으로 술잔과 입가를 가리고 마셔야 한다. 이것은 윗사
람 앞에서 함부로 술 마시는 것을 경계한다는 의미다. '원래는 함께 마

실 위치가 아니지만 실례를 무릅쓴다'라는 암묵적 메시지가 왼손으로 입가를 가리는 행동에 담겨 있는 것이다. 한국인의 이러한 유교적 관습은 오랜 시간 몸에 배어 있다. 4종의 한국 지폐 중 2종에 옛 유학자들의 초상에 있다는 것만 봐도 그러함을 알 수 있다.

조선왕조는 중국의 유교적 세계관을 충실히 따랐다. 고려왕조는 중국의 유교문화를 전면적으로 수용하여, 958년에 과거제도를 정비하고 유교 수양을 장려했다. 또한 유교 교육기관으로 중앙에 국자감(훗날의 성균관), 지방에 향교를 설치했다.

조선은 1392년 성립과 동시에 명 왕조에 명목상 복속되었다. 명의 원호를 사용하고 명의 관복과 제도를 도입했다. 조선의 문인 관료들은 성리학을 신봉했다. 명 왕조야말로 정통 지배자이며 명에 대항하는 것은 '중화'나 천자의 나라, 더 나아가 질서를 어그러뜨리는 것이라고 생각했다. 조선의 문인 관료들은 성리학의 소양을 갖추는 것이 문화적으로 세련됨을 증명하는 길이자 야만스러운 미개인에서 벗어나는 길이라 믿고, 자신들의 사상을 다듬었다.

소중화주의의 조선

조선은 스스로 중화문명과 가장 가까운 존재임을 자랑스러워했다. 조선만 유일하게 '화(華)'를 계승하는 데 성공했다고 여겼다. 그리고 일본을 '화'와 거리가 먼 '왜적'이라고 야만인 취급했다. 이러한 관념을 '소중화주의'라고 한다.

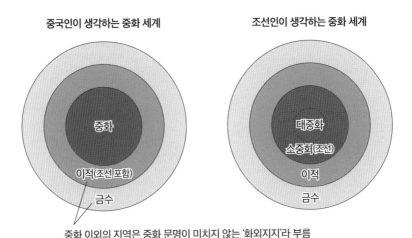

중화 이외의 지역은 중화 문명이 미치지 않는 '화외지지'라 부름

중국은 유교적인 군신의 주종관계를 주변 여러 나라(지역)로 확대해, 각 군주나 수장에게 왕, 후 등의 작위를 내리고(책봉) 중국의 번속으로 삼아 영향력을 행사했다. 정도의 차이는 있었지만 이런 식으로 중국은 주변 지역을 장악했다. 이 같은 중국 중심의 통치 시스템을 '책봉 체제'라고 한다. 이는 중화사상에 바탕을 둔 통치 시스템이며 '화이 질서'라고도 한다.

명 왕조는 태종을 조선의 제3대 왕에 책봉했는데, 이 또한 어디까지나 중국의 일부를 담당하는 제후왕의 성격을 띠었다. 여기서 '왕'은 근대에서 말하는 주권국가 및 국왕과는 의미가 다르다. 조선의 왕도 중국 황제의 신하라는 의미였다.

그래서 조선 왕을 가리키는 말은 '폐하'가 아닌 '전하'였다. 왕의 후계자도 태자가 아니라 한 단계 아래인 세자였다. 또한 조선 왕에게는 '만세'가 사용되지 않았다. 만세는 중국 황제에게만 사용했고 조선 왕에게는 '천세'를 사용했다. 서열관계가 명확했던 것이다.

천황을 일왕이라고 하는 한국

메이지 유신을 이룬 일본의 새 정부는 1868년에 조선에 국교와 통상을 요구하는 국서를 보냈다. 그러나 조선은 이 국서의 수령을 거부했다. 국서 안에 황(皇)과 칙(勅)이라는 글자가 들어 있다는 이유였다. 일본이 중국 황제만 쓸 수 있는 글자를 써서 황제의 권위에 도전했다며, 그 국서를 인정하지 않았다. 즉 조선은 철저한 유교 사상에 따라 중화의 주변국은 신하처럼 중화를 따르며 국제 질서(앞서 서술한 책봉 체제)를 유지해야 한다고 생각한 것이다.

이러한 관념에 따라 천황(天皇)이라는 호칭도 절대 사용하지 않았다. 대신 왜왕을 사용했으며 근대 이후에는 일왕(日王)을 사용했다. 중국 황제에게 복속하는 조선 왕이 중국 황제와 대등한 천황을 인정하면, 조선은 일본보다 아래라는 뜻이 되므로 '천황'이라는 호칭을 거부한 것이다.

이는 지금도 마찬가지다. 문희상 전 국회의장은 2019년 2월 7일 「블룸버그」와의 인터뷰에서 위안부 문제에 대한 일왕의 사과를 촉구했다. 일본 언론은 문 의장의 발언을 '천황'으로 바꿔서 전달했지만, 실제로 문 의장이 사용한 칭호는 '천황'이 아니라 '왕'이었다.

숭유배불에 반대한 불교왕 세조

10세기에 건국된 고려 왕조는 불교를 보호했기 때문에 민간에 불교 신앙이 널리 확산되었다. 이 시기 『대장경』 등이 편찬되며 불교문화가 절정을 맞이했다. 그러나 14세기 말에 성립된 조선왕조는 유교를 통치 이념으로 삼고 불교를 탄압하는 '숭유배불' 정책을 펼쳤다. 불교를 내세나 구원을 논하는 사이비 종교로 취급한 것이다.

하지만 민간의 불교 신앙이 워낙 독실했기 때문에 적당한 선에서는 용인되었다. 조선의 7대 왕 세조는 독실한 불교 신자로 숭유배불의 법도를 어기고 불교 사원을 보호했다. 그래서 유교를 신봉하는 신하와 문인 관료들 간에 격렬한 언쟁이 벌어졌고, 세조는 불교에 반대하는 신하들을 면직 추방하기도 했다.

세조는 난을 일으켜 어린 조카를 축출하고 친히 왕위에 올랐다. 그 과정에서 조카를 독살했고 반대 세력을 고문하거나 숙청했다. 세조는 수많은 살생을 뉘우치며 불교에서 마음의 위안을 구했다. 난을 일으킨 세조는 군신의 예를 중시하는 유교적 규범에 비추어 보면 구제불능의 죄인이었다.

유교가 내세우는 정의는 인간의 생활상이나 현실 사회와 맞지 않을 때가 있었다. 그래서 사람들은 부처에게 용서와 위안을 구하고 소망을 비는 등 종교의 구원에 매달렸다. 유교의 한계 중 하나는 이 구원의 개념이 없다는 것이다. 중국은 명 왕조와 청 왕조가 숭유배불 정책을 펼쳤으나 조선에 비해 미온적이었고, 사실상 불교 신앙은 반방임 상태였다. 참고로 중국은 불교와 더불어 도교 신앙이 민간에 널리 퍼져 있었다.

반면에 한국은 조선왕조 이래 명실공히 유교문화를 계승하여 오늘에 이른다. 한국은 기독교인이 전체 인구의 약 30%를 차지할 만큼 큰 비중을 차지한다. 한국 기독교인은 가톨릭 신자의 2배를 넘어선다. 그러나 한국의 기독교는 본래의 기독교 이념과는 다른 아류이며, 이단적 샤머니즘을 멋대로 해석하여 거대해진 것에 불과하다는 비판도 많다.

Chapter 3

신도와 천황이
중심인 나라

b지역 : 대항
일본의 신도

신도의 리얼리즘

일본은 기독교인이 전체 인구의 1%를 넘은 역사가 없다. 현재도 천주교와 프로테스탄트 신자는 약 100만 명 정도에 불과하다. 또한 전국적으로 기독교계 학교는 많지만 졸업생의 상당수는 기독교인이 아니다. 기독교는 16세기에 일본으로 전파되었다. 선교사 프란치스코 하비에르는 일본인에게 기독교를 포교하는 것이 매우 어렵다고 기록했다. 하비에르 같은 선교사는 질문 공세를 당하기 일쑤였다고 한다.

예를 들어 '전지전능하신 하느님'이라는 표현을 지적하며 "하느님이

전지전능한 존재라면 왜 고통에 허덕이는 사람이 이렇게 많은가?" "전지전능한 하느님이 왜 악을 물리치지 못하는가?" "당신들은 하느님을 믿는 자만이 구원받는다고 하는데 그렇다면 그 신을 믿지 않았던 우리의 조상들은 어떻게 되는 것인가?" "이미 죽은 사람은 개종할 수 없지 않은가"라고 질문하며 선교사들을 곤경에 빠뜨렸다.

대부분의 일본인은 일신교의 인위성에 거부감을 느꼈으며 하느님이라는 절대 존재를 내세우는 고압적 자세에도 적응하지 못했다. 그래서 그런지 일본은 이슬람교 신자도 약 1만 명에 불과하다. 예로부터 일본인은 리얼리즘을 중시하는 경향이 있었다. 일본 고유의 신앙인 신도는 자연의 모든 것에 신이 깃든다고 생각하는 범신론이다. 자연이나 동물 등 우리 주위에 가까이 존재하는 실존을 통해 신적인 것을 보는 것이다. 일신교처럼 인위적으로 만들어낸 유일신을 믿지 않는다.

일본인은 자연이나 동물을 친구로 대하며 소중히 여긴다. 일본의 옛날이야기에는 개, 원숭이, 새 등 많은 동물이 등장해 인간과 애정 어린 유대관계를 맺는다. 서양인 관점에서 보면 일본의 종교 건축물인 신사는 그들의 교회 건축물에 비해 허술해보일지도 모른다. 하지만 신도의 세계관에서는 자연 자체가 신의 공간이므로, 교회처럼 굳이 돌 같은 인공물로 둘러쌀 필요가 없다. 신사는 자연 등의 신을 표상한 상징 공간일 뿐이며 그 지향 대상은 자연 전체다. 표상은 검소하고 간결하며 자연 그대로일수록 좋고, 인공적인 장식을 멀리함으로써 신적인 동화가 이루어진다. 신도의 세계관은 일신교처럼 신의 위용을 인간에게 과시하는 연

도표 3-1 _ 신도의 특징

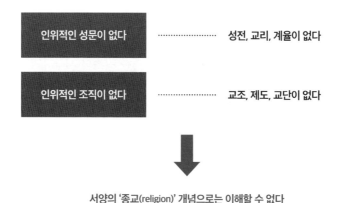

인위적인 성문이 없다 ·················· 성전, 교리, 계율이 없다

인위적인 조직이 없다 ·················· 교조, 제도, 교단이 없다

⬇

서양의 '종교(religion)' 개념으로는 이해할 수 없다

출 행위 없이도 실존으로 표상되는 리얼리즘으로 가득하다.

"신도는 종교인가?"라는 의문이 따를 수 있다. 'religion'이 '종교'로 번역되어 일본에 들어온 것은 메이지시대다. 서양의 religion이라는 개념은 〈도표 3-1〉에서 보듯이 근본적으로 신도에 없는 각종 인위성을 담고 있다. 신도는 인위성이 전혀 없기 때문에 이러한 관점에서는 딱히 종교로 볼 수 없다. 그보다는 신앙 또는 일본인의 정신문화가 누적된 철학이자 세계관이다.

신성한 혈통과 천황의 권위

옛 일본은 신도라는 고유의 종교 문화를 바탕으로 최고 제사자인 천황을 신봉했다. '왕'이라는 칭호가 아닌 스스로 '천황'이라는 호칭을 사용했다. 일본은 중국의 유교적 화이 질서에 따르지 않았다. 에도시대에 일본을 방문한 독일 의사 엥겔베르트 켐퍼는 1690년부터 2년간 일본에 머물다 귀국한 후 『일본지』를 저술했다. 1693년경 발간된 『일본지』는 천황을 '킹(king)'이 아닌 '엠퍼러(emperor)'라고 지칭한 최초의 서구 문헌사료로 알려져 있다.

천황가의 시조는 아마테라스 오미카미이다. 천황은 신이 아니지만 '신의 자손'으로서 신화에 포섭되는 존재다. 신화를 믿고 안 믿고는 신앙의 문제지만, 신화의 내용이 천황가의 기원과 관계가 있는 것은 틀림없는 사실이다. 『고사기』에 따르면 아마테라스 오미카미는 수많은 자연신 중 최고신인 태양신이다. 아마테라스 오미카미의 손자 니니기노 미코토는 오미카미에게 지상 통치를 명령받고 인간 세상으로 내려간다. 이것을 '천손강림'이라고 한다.

니니기노 미코토의 증손은 진무 천황이다. 진무 천황은 기원전 660년에 즉위한 것으로 알려져 있는데, 『고사기』와 『일본서기』에 등장하는 십수대 초기 천황은 실재가 의심되고 있다. 실존한 천황은 기원전 97년에 즉위한 제10대 스진 천황이나 270년에 즉위한 제15대 오진 천황, 또는 그보다 더 후대로 보는 설이 있다. 또한 진무 천황의 실존은 인정하되 그 시기는 기원전 7세기가 아닌 기원 1세기경으로 보는 견해도 유력하다.

초기 천황의 실존 여부를 증명하기는 어렵지만 천황 가문이 신의 자손이라는 맥락을 배경으로 하는 점은 사실이다. 진위 여부를 떠나 그 맥락 속에서 혈통을 지키며 126대 천황까지 대대로 가문을 이어왔다. 천황은 인간으로 태어났지만 신에 가장 가까운 존재로 여겨졌다.

일본인에게 천황은 신에게 국가의 번영과 국민의 행복을 기원하고 인간 세계를 대표해 신을 모시는 최고 제사자이자, 신과 인간의 연결고리인 영적 존재이다. 천황은 이를 중요한 사명으로 여긴다. 겐페이의 무인 정권부터 도쿠가와의 에도 막부에 이르기까지 세속 권력이 천황의 권위에 도전하여 그 지위를 침범하는 일은 단 한 번도 없었다. 천황의 신성한 혈통을 존중했기 때문이다.

천황이 중심을 이루는 신도

일본인은 천황 가문의 조상신인 태양신 아마테라스 오미카미와 그 밖의 자연신을 믿었고 신을 모시기 위해 각지에 신사를 세웠다. 이것이 신도이다. 일본인은 농경민족이기 때문에 자연이 삶을 좌우한다고 굳게 믿으며 자연을 신으로 경외하고 숭상했다. 천황은 이 자연신들을 모시는 존재였고, 천황이 중심을 이루는 신도를 통해 자연 신앙이 널리 보급되었다. 천황은 신과 인간을 원만하게 이어주는 중개자였다. 신도는 시대에 따라 크게 변모해왔기 때문에 현대인이 신도를 한 마디로 이해하기는 어려운 측면이 있다. 우선 신도의 역사를 간단히 되짚어보자.

원초시대 일본인은 자연현상이나 자연물에서 인지를 초월하는 위력, 염력, 신성함을 느꼈고, 그것을 신이라 칭하며 경외하고 숭배했다. 신도는 이러한 자연 숭배에서 비롯되었다고 전해진다. 당시에는 신전이 아니라 신성하다는 암벽과 숲, 산 등에서 제사를 드렸다. 신전을 세운 것은 불교 사원이 본격적으로 건조되기 시작한 아스카시대 이후이다.

고대에는 '벼농사의 왕'인 천황이 지낸 기년제, 월차제, 신상제 중심의 신기(神祇, 하늘의 신과 땅의 신) 제사체계가 신도의 중심이었다. 701년에는 다이호 율령의 제정으로 신기의 제사를 관할하는 신기관이 설치된다. 율령제가 제정되기 전에는 지방 수장이 자신의 신에게 제사를 지냈지만, 율령제 이후에는 수장 대신 천황이 신기관을 통해 직접 전국의 신들에게 일괄적으로 제사를 지내는 체제(율령신도)가 확립되었다.

율령제가 폐지된 10세기 이후, 천황이 율령 정부와 신기관을 통해 지내던 국가적 신기제사는 점차 변형되었으나, 이후에도 천황의 신기제사는 면면히 전승되어 현재에 이른다. 천황을 중심으로 전승된 자연에 대한 경외심과 감사의 마음이 바로 신도의 본질이다.

신도, 불교, 유교가 혼합된 종교 문화

신도는 특유의 포용력으로 다양한 사상을 수용하며 변형해 발전했다. 나라시대에는 불교 융성으로 신도와 불교가 융합(신불습합)되었다. 가마쿠라시대에는 부처와 보살(본지)이 일본의 중생을 구제하러 일본 신의 모습으로 나타났다(수적)는 사상(본지수적설)이 확산되었다. 이후에도 여러 가지 신도설이 성행했다.

가마쿠라시대에는 료부 신도와 이세 신도가, 무로마치시대에는 요시다 신도가 성행했고 에도시대에 들어서자 유교의 영향을 받은 주카 신도, 스이카 신도가 성립했다. 에도 중기부터 후기까지는 고대 신도로 복

도표 3-2 _ 신도의 습합과 포용

신불습합계 ········· 불교 도입(본지수적설)

료부 신도(진언종)
산노 신도(천태종)
홋케 신도(일련종)

신유습합계 ········· 유교 도입(신유일치설)

요시카와 신도
주카 신도
리가쿠 신도
이세 신도
스이카 신도

종합적인 신도 ········· 불교, 도교, 유교 사상 도입

요시다 신도

귀하자는 국학자들의 주장에 의해 복고 신도가 성립했다.

일본은 천황을 받듦으로써 중국 왕조에 정치적으로 대항했으나, 중국에서 탄생한 유교문화를 다른 중국 문화와 함께 유연하게 수용했다. 일각에서는 일본이 '유학은 수용했으나 유교는 수용하지 않았다'라고 하는데 사실은 그렇지 않다. 유학(도덕적 부분)과 유교(종교적 부분) 모두 오늘날까지 일본인에게 스며들어 있다. 유교(종교적 부분)를 수용하지 않았다고 착각하는 이유는 조상에게 지내는 제사가 불교 제식에 흡수되면서, 일본인의 유교적 지향이 보이지 않게 되었기 때문이다.

유학(도덕적 부분)도 연공서열 등 일본인의 생활과 사회 전반에 깊이 스며들어 있다. 유교는 6세기에 일본에 되었는데, 7세기에 덴무 천황이 구축한 통치제도(율령제)에 신분제 등의 유교적 요소가 반영되어 있다. 17세기 에도시대에 유교의 일파인 성리학이 막부에서 공인한 학문(관학)이 되었다. 반면 민간에서는 신도나 불교를 믿었다. 신도, 불교, 유교가 혼연일체를 이룬 종교 문화가 정착한 것이다. 오늘날도 이러한 혼합 종교 문화는 뿌리 깊게 남아 있다.

신도와 일본의 근대화

메이지시대를 연 새로운 정부는 천황 중심의 신국가체제를 정비하고, 일본 고유의 신도를 통해 국민의 정신문화를 통합하려고 했다. 국가 권력의 보호 아래 사실상 신도를 국교로 정한 것이다. 1868년 메이지 정부 수립 직후 그동안 신사에 들어와 있던 불교를 분리하는 신불분리령(신불판연령)이 발효되었다. 지금은 성성할 수 없지만 에도시대만 해도 신사에 불상을 모셨다.

메이지 정부는 '분리령'에 따라 신사에서 불상을 철거하고, 신기관을 통해 신사 행정을 관장하는 등 제도를 정비했다. 신사신도를 국가의 중심으로 삼은 것이다. 일본 전국의 신사에서 다양한 신을 모시고 있었으나, 메이지 정부는 천황가의 조상신 아마테라스 오미카미를 모시는 이세 신궁을 신사의 최고봉인 본종(총본산)으로 인정했다. 또한 흑주교, 천리교, 금광교 등을 '교파신도'로 공식 인정하여 국민들에게 신도를 널리 선포하는 선교사 역할을 담당하게 했다.

국민은 신도에 바탕을 둔 윤리 도덕을 공유하고 최고 제사자인 천황 아래 일치단결하며 근대 개혁에 매진했다. 이런 상황에서 천황을 현인신(인간의 모습을 한 신-옮긴이)으로 보는 광신적 국가주의자들이 천황을 지나치게 신격화하기도 했다.

제2차 세계대전 후 연합국최고사령부(GHQ)는 "천황을 신으로 여기는 것은 인정할 수 없다"라며 천황에게 통칭 「인간 선언」이라는 조서를 발포하도록 주도했다. 얼마나 많은 사람이 천황을 신으로 생각했는지는 알 수 없고 쇼와 천황도 스스로 신이라고 규정한 적은 없었다. 하지만 연합국최고사령부가 '천황이 신으로 존재하는 것이 원흉'이라고 판단했기 때문에, 국민보다는 오히려 연합국최고사령부를 향해 천황은 신이 아니라는 점을 확실하게 한 것이다. 이렇게 천황이 스스로 신이라는 것을 부정했을지 몰라도, 오랜 세월 일본인이 형성해온 신도의 사회문화와 천황에게 느끼는 끈끈한 유대감은 조금도 변함이 없었다.

Chapter 4

중국의 화이 질서에
대항하는 제국

c지역 : 대항
베트남의 혼합 종교

중국에 굴복하지 않은 베트남과 유교문화권

베트남은 미국이 건국 이래 있었던 전쟁 중에서 유일하게 패배한 상대
다. 13세기에는 막강한 상대였던 몽골의 원 왕조를 물리치기도 했다.
1979년 중국-베트남 전쟁에서는 영토를 침공한 중국군에게 막대한 손
해를 입히며 격퇴했다. 베트남은 현재 시사 군도와 난사 군도를 둘러싼
중국과의 영유권 분쟁에서 한 발짝도 물러서지 않고 있다.

베트남 통일 왕조는 독자적인 원호를 고수하며 중국의 유교적 화이
질서에 대항했다. 또 베트남 왕조의 군주는 중국에 맞서기 위해 스스로

황제라는 칭호를 사용했다. 베트남 왕조는 중국을 '북조', 자국을 '남조'라 칭했다. 남조인 자국의 군주가 황제가 되고, 그 국가가 '제국'이 되는 것이 당연하다고 생각한 것이다.

베트남은 문화적으로 중국에 힘입은 바가 크다. 태국이나 미얀마처럼 독자적인 문자가 없으며, 한자를 차용하여 민족 언어를 표기했다. 13세기에 원 왕조를 물리친 후 민족의식이 고양되어 '쯔놈'이라는 베트남 문자를 쓰게 되었는데, 이것도 한자를 바탕으로 만들어진 것이다. 그러나 쯔놈은 서민들이 사용하기에 너무 어려웠다. 19세기에 로마자를 개조한 표기법이 확립되자 쯔놈은 점차 사장되었다.

기원전 2세기에 한 왕조가 베트남을 침공하면서 유교가 들어와 정착했다. 한나라 사람들이 베트남으로 이동하는 것도 적지 않았다. 각 왕조는 유교 의식을 중시했고 주요 시험 과목에 유교를 포함시켜 과거 제도를 실시했다. 이렇게 베트남도 중국의 유교문화권 안으로 들어갔다.

도교와 불교도 중국에서 유입되어 민간의 신앙을 끌어모았다. 하노이 등 북베트남 거리에는 크고 작은 불교 사원이 많다. 특히 불교 제식을 중심으로 유교적 사상관을 형성하는 혼합 종교 문화가 남아 있는 것은 일본과 비슷하다. 베트남 불교는 인도에서 직접 유입된 상좌부불교가 아니라, 중국을 통해 유입된 대승불교이다.

베트남 남부의 종교 문화는 북부와 다르다. 남부는 중국의 영향이 미미했고, 이 지역 원주민들은 중세 이래 힌두교를 신봉했다(13장 참조). 힌두교적 다신교 세계관의 영향으로 까오다이교를 믿는 사람도 많다. 까오

까오다이교의 지상신 까오다이는 커다란 외눈으로 표현되는 것이 특징이다.

다이교는 1920년 레반치엔이 창시한 종교로서 유교, 불교 등에 베트남
의 민간 종교, 도교, 기독교 등의 교리를 혼합한 다중 신앙이다. 그 밖에
프랑스 식민 지배의 영향으로 가톨릭이 널리 보급되었다.

베트남 공산당 정권은 1981년 이후 불교를 공인하여 정부에서 직접
관리한다. 전국의 불교조직을 지도하는 동시에 지원하고 있다. 정권과 불
교 사찰과의 관계는 원만해서 별다른 충돌이 발생하지 않는다.

왜 태국과 미얀마에는 유교가 보급되지 않았는가?

베트남과 마찬가지로 태국과 미얀마에도 많은 중국인이 이주했다. 유교

를 비롯한 중국문화도 다수 전파됐지만, 두 나라는 지정학적으로 인도의 영향을 훨씬 많이 받았다. 그렇기 때문에 인도에서 들어온 불교가 성행하여 유교는 낄 틈이 거의 없었다.

중국의 지배는 윈난(7장 참조)까지가 한계였고, 태국과 미얀마에는 미치지 못했다. 예외적으로 원 왕조가 인도차이나반도 전역을 침공한 적이 있는데, 지배는 단기간에 그쳤다.

캄보디아의 앙코르 왕조는 인도에서 전파된 힌두교를 수용했고, 12세기에 앙코르와트라는 거대 사원을 건설했다. 이 시기의 앙코르 왕조는 인도차이나반도 대부분을 지배했기 때문에 태국과 미얀마도 힌두교의 영향 아래 있었다.

13세기에 앙코르 왕조가 쇠퇴한 후, 태국과 미얀마에서 통일 왕조가 성립해 불교를 국교로 지정했다. 인도차이나반도에서 유일하게 베트남만 유교와 중국 문화 영향을 크게 받은 이유는, 일찍이 해상 교역을 통해 중국과 교류했기 때문이다. 중국 광저우 등지에 베트남 교역의 거점을 두고, 베트남 북부의 연안도시와 교역한 것이다. 베트남은 중국과의 교역 물량이 압도적으로 많았기 때문에 인도차이나반도에 미친 인도 문화를 밀어내고 유교문화권에 편입되었다. 반면에 태국과 미얀마는 베트남에 비해 땅이 비옥해 식량을 얻기가 수월했다. 그 영향으로 유교처럼 엄격한 조직성과 규범성을 필요로 하지 않았다.

Chapter 5

수난과 박해 속에서
꽃피우는 종교

d지역 : 대립
티베트불교

중국의 종교 말살과 대학살

중국공산당의 티베트인 감금, 고문, 학살은 옛 이야기가 아니다. 지금도 티베트인은 매일같이 가혹하게 탄압당하고 있지만, 그 실태는 보도되지 않고 있다. 중국 정부가 티베트 자치구에 들어가려는 외신 기자들을 막고 있기 때문이다. 얼마나 많은 사람들이 강제수용소에 갇혀 학대를 당하고 있는지는 정확히 알 수 없다.

티베트는 18세기에 청 왕조에 병합되었다. 1912년에 청 왕조가 무너지자 티베트에도 독립 분위기가 고조됐지만, 쑨원과 장제스가 주도한 국민당 정부는 '하나의 중국'을 표방하며 티베트인의 독립을 인정하지 않았다.

1949년 마오쩌둥이 중화인민공화국을 건국하자 인민해방군이 티베트에 침입했다. 중국은 저항하는 티베트인을 학살하여 제압한 후 일방적으로 영토를 차지했다. 중국은 티베트불교 사원을 대부분 파괴하고 경전을 불태웠다. 불상은 녹여서 원료로 썼으며, 이에 저항한 승려들을 모조리 죽였다. 티베트불교와 함께 형성된 고유의 문화와 사회 구조를 송두리째 파괴한 것이다.

폭거를 견디다 못한 티베트인은 1959년 수도 라싸에서 반란을 일으켰다(티베트 독립운동). 그러나 얼마 못가 중국군에게 진압 당했고, 독립 운동에 가담한 티베트인은 대부분 투옥되어 죽었다.

티베트불교의 최고지도자 달라이 라마는 인도로 망명했다. 그는 인도 북부 다람살라에 망명 정부를 수립한 이후, 최근까지도 티베트에 돌아오지 못하고 있다. 티베트불교의 고승들도 대부분 인도나 네팔로 피신하여 망명 생활을 하고 있다.

티베트불교 탄압은 문화대혁명 시기에도 이어졌다. 중국은 얼마 남지 않은 티베트불교 사원마저 파괴하며 티베트 문화를 송두리째 부정했다. 중화인민공화국이 건국되고 문화대혁명이 종식되기까지 약 600만 명의 티베트인 중 120만 명이 목숨을 잃었다. 5명 중 1명이 사망한 꼴이다.

1970년대 후반 중국의 '개혁·개방 정책'이 추진되면서 일부 티베트불교 사원의 재건이 허용되었다. 그러나 이 사원들은 중국공산당 관리·감

독 하에 달라이 라마 비판과 공산당 찬양을 강요당하고 있다. 중국에서
는 달라이 라마를 입에 올리기만 해도 체포되어 수용소로 끌려간다. 또
한 티베트인 3명 이상이 대화를 하면 반정부 활동 및 파괴 활동을 공모
한 것으로 간주하여 체포된다.

티베트인은 중국의 폭거에 지속적으로 항의하지만 매번 가혹하게 탄
압 당했다. 급기야 1989년에는 라싸에 계엄령이 선포되어 중국에 대항
한 티베트인이 한꺼번에 처형당했다. 탄압은 지금도 계속되고 있다.

티베트불교와 일반 불교의 차이

중국 선승들은 티베트불교가 융성하기 전부터 티베트에 들어와 세력을
형성하고 있었다. 7세기 이후 당 왕조와 티베트인의 대립이 심화되자, 티
베트인은 티베트불교를 중심으로 단결해 8세기 말 중국 선종 세력을 몰
아냈다.

티베드불교는 대승불교로 분류된다. 중국에서 온 북방 불교가 아니
라 인도에서 들어온 불교를 바탕으로 교리가 정립되었다. 7세기 티베트
인은 거대한 당 왕조에 대항하기 위해 각 부족을 통합하여 토번 왕국을
형성했다. 막강 세력을 구축한 티베트인은 당 왕조에 대등하게 맞섰다.
11세기에는 티베트인 서하를 건국하여 송 왕조를 사방에서 위협했다.

토번왕 송첸캄포는 티베트 문자를 창제하고 불교를 국교로 지정하여
티베트인의 민족의식을 고양시켰다. 그는 인도에 사절단을 파견하여 불
교 경전을 습득하게 한 후, 티베트 문자로 번역할 것을 지시했다. 또한 라

도표 5-1 _ 8세기 중엽 당나라와 토번

싸에 불교 사찰을 세웠다. 송첸캄포 왕의 불교 정책이 티베트불교의 시
작이었다.

　그렇다면 티베트불교는 일반 불교와 어떻게 다를까? 티베트불교는 밀
교적 요소가 강하다. 밀교란 한마디로 신비주의다. 세속과 동떨어진 깊
은 산 속 폐쇄된 공간에서 수행과 의례를 행한다. 밀교의 반대는 현교이
다. 현교는 대중에게 널리 열려 있으며, 세속적이고 명료한 언어로 교리
를 설명한다. 일반 불교가 바로 현교다. 산악 지대에 사는 티베트인의 기
질로는 현교보다 밀교가 더 잘 맞았을 것이다.

　또한 티베트불교는 티베트인뿐만 아니라 몽골인도 수용했다. 티베트
불교의 교주 파스파는 13세기 몽골 제국 형성에 기여했다. 몽골이 티베
트와 윈난(미얀마 북부)을 지배하는 데 힘을 싣는 대신, 몽골 제국의 국사

로 추대되어 티베트불교를 보호했다.

파스파는 '곽파'로 발음하기도 하며 '성자'를 뜻한다. 파스파의 본명은 로테 걘첸이다. 쿠빌라이 칸은 티베트어를 토대로 몽골 공용 문자인 파스파 문자를 만들게 했다고 한다. 파스파는 중국을 비롯한 몽골 제국 전역의 종교 지도권을 장악했다. 파스파의 영향으로 몽골인의 티베트불교 신봉이 정착되었고, 그것이 지금까지 이어지고 있다. 중국은 내몽골 자치구 남몽골인의 티베트불교 신앙도 탄압하고 있다.

달라이 라마와 판첸 라마의 양두체제

중세에 이르자 티베트불교는 여러 파로 분리되었다. 각 분파는 지방 제후 및 귀족 세력과 결탁해 자력으로 교권을 확장시켰고, 파벌 투쟁을 거듭하며 정치에 깊이 개입했다. 세속에 물든 승려들은 서서히 부패했다.

14세기 말 총카파라는 승려가 타락한 티베트불교를 비판하며 개혁에 나섰다. 그의 개혁은 제후와 귀족에 반발하던 대중에게 폭넓은 지지를 얻었다. 총카파의 개혁 세력은 북방 몽골 부족들과 연합하여 구세력을 잇달아 몰아냈다. 구세력에 속한 승려들은 빨간 모자를 썼다 하여 '홍모파', 총카파의 세력은 노란색 모자를 썼다 하여 '황모파'라고 한다.

황모파는 계율을 중시하며 불교 본연의 윤리성을 강조했다. 이후 티베트불교는 황모파가 득세하며 주류가 되었다. 황모파의 지도자는 '교주(라마)'라는 호칭을 사용한다.

총카파가 사망한 후 황모파는 둘로 나뉘었고 달라이 라마가 주류를,

판첸 라마가 방계를 각각 계승했다. 달라이 라마는 살아있는 부처로서 티베트불교의 최고지도자가 되었다. 달라이는 '광활한 바다'를, '판첸'은 '위대한 스승'을 뜻한다. 달라이 라마는 티베트 제1의 도시 라싸의 포탈라 궁전을 거점으로 삼았고, 판첸 라마는 티베트 제2의 도시 르

총카파와 제자들(15세기경, 루빈미술관 소장)

카쩌의 타쉬룬포 사원을 거점으로 삼았다.

티베트불교는 두 지도자를 중심으로 발전해왔다. 현재의 지도자는 14대 달라이 라마와 11대 판첸 라마다. 한때 티베트불교에 '라마교'라는 속칭이 사용되자 티베트불교 관계자들은 불교의 아류로 취급하는 모멸적 표현이라며, 이 호칭 대신 '티베트불교'를 사용해달라고 요청했다.

환생라마제도를 악용하는 중국의 속셈

황모파는 계율이 엄격하고 결혼을 할 수 없기 때문에 교주(라마)의 지위가 세습되지 않는다. 교주의 지위는 교주의 환생자가 계승하게 되어 있다. 라마가 죽으면 생전의 예언 등에 따라 환생자를 찾아 새로운 교주로

인정하는 것이다. 이를 '환생라마제도(환생활불제도)'라고 한다. 환생자 후보가 선대의 유품을 인식할 수 있는지를 비롯해 몇 가지 전통 방식을 거쳐 라마로 인정한다. 새로 인정된 라마는 선대의 지위와 재산을 계승한다. 현재의 달라이 라마 14세는 티베트인을 구제하기 위해 14회에 걸쳐 윤회를 반복해온 것이다.

현재 티베트의 환생라마제도는 중국 정부에 의해 왜곡되고 있다. 달라이 라마가 인도로 망명한 뒤에도 판첸 라마 10세는 중국공산당에 협조하며 티베트에 머물렀다. 그러다가 1989년 판첸 라마 10세가 연설을 통해 중국의 티베트 통치를 비판한 직후 급사하는 사건이 벌어졌다.

역대 달라이 라마의 환생자 인정에는 판첸 라마가, 판첸 라마의 환생자 인정에는 달라이 라마가 큰 영향력을 미쳤다. 판첸 라마 10세 사망 후 달라이 라마와 티베트 망명 정부는 티베트에 탐색위원회를 구성해 환생자 탐색에 나섰다. 그리고 1995년 5월, 달라이 라마 14세는 위원회의 보고에 띠리 6세 소년을 판첸 라마의 환생자로 인정한다고 공식 발표했다. 하지만 중국 정부는 이 결과를 승인하지 않았고, 달라이 라마 14세의 뜻을 전한 관계자를 체포했다. 그리고 중국 측은 독자적으로 환생자를 탐색하여 다른 6세 소년을 중국 정부가 공인한 판첸 라마 11세로 즉위시켰다.

달라이 라마 14세가 판첸 라마 11세로 공식 승인한 소년은 발표 직후 부모와 함께 실종되었다. 1년 후 중국 정부는 당국에서 연행했음을 인정하고 소년과 가족을 국내에서 보호하고 있다고 주장했지만, 자세한 내용은 확인되지 않고 있다.

노벨평화상 수상자인 달라이 라마 14세는 티베트인의 정신적 지도자이자 정치적 지도자로서 큰 영향력을 갖는다. 고령인 달라이 라마가 사망하면 판첸 라마 11세가 환생자 인정에 큰 역할을 하게 된다. 그런데 그 판첸 라마 11세의 인정과 즉위가 중국 측의 전폭적인 지원 아래 이루어진 것이다.

달라이 라마 14세는 2014년 해외 신문과의 인터뷰에서 "환생라마제도는 정치에 이용됐기 때문에 폐지되어야 한다"라는 견해를 드러냈다. 이에 중국 정부는 질서를 해친다고 반발하며 폐지를 인정하지 않았다.

종교 지도자의 자리를 환생자가 계승하는 환생라마제도는 환생자를 인정하는 과정에서 세속 권력이 개입할 위험성이 크다. 세속 권력이 인정한 환생자를 부정하는 것은 쉽지 않은 일이다. 중국 정부가 이러한 점을 앞으로도 최대한 이용할 우려가 있다.

네팔과 부탄의 종교

현재 네팔의 종교 인구는 힌두교도가 약 80%로 가장 많고 불교도는 10% 미만, 이슬람교는 소수이다. 네팔은 힌두교를 국교로 지정했으나, 2006년에 비종교 국가를 선포하면서 정부가 특정 종교를 비호하지 않기로 했다.

네팔은 다민족·다언어 국가로서 인도·아리아어계가 가장 많은데, 이들은 거의 힌두교도이다. 주로 산악 지대에 사는 티베트·미얀마어계는 대부분 불교도이다. 일찍이 네팔은 인도·아리아어계 지배층이 힌두교를 바탕으로 왕조를 형성해왔다. 네팔인이 가장 많이 신봉하는 힌두교 신은 시바 신, 비슈누 신이며 여신 두르가를 필두로 한 여신 신앙이 강한 것이 특징이다.

네팔의 불교는 인도에서 들어온 계통과 티베트 이민자들을 통해 들어온 티베트불교 계통으로 나뉜다. 불교 신앙은 중세까지 번성하다 13세기 서북인도에 거점을 둔 이슬람 세력의 침공으로 탄압을 당하면서 쇠퇴했다.

힌두교 역시 탄압을 당했지만 민간신앙다운 건재함으로 탄압을 물리쳤다. 힌두교 세력이 커지자 불교는 힌두교의 카스트제도를 수용하며 생존을 도모했다. 네팔의 불교가 절충주의적인 성격을 띠는 이유가 여기에 있다. 불교와 힌두교를 동시에 믿는 이도 있고, 두 종교의 신을 동시에 모시는 사찰도 있다. 이는 인도와 티베트 사이에 끼어있는 네팔의 지정학적 특징에서 온 결과다.

한편 네팔과 이웃한 부탄은 17세기 티베트불교의 승려가 나라를 통일하고 왕조를 창시한 이후, 불교를 국교로 지정했다.

Chapter 6

중국과는 전혀 다른
문명권

e지역 : 대립
위구르의 이슬람교

이 시대 최악의 인권 위기

중국은 성명을 통해 헌법으로 종교의 자유를 보장하고 각 종교와 공산
주의의 이상은 공존·공영할 수 있다고 했으나 실상은 다르다. 2004년
「종교사무조례」(2017년에 개정) 등을 통해 종교 활동에 대한 관리·통제를
더욱 강화하고 있다. 특히 최근에는 위구르인의 이슬람교 신앙을 무자비
하게 탄압하고 있다.

자원이 풍부한 신장위구르자치구에는 1,100만 명이 넘는 튀르크계
소수민족 위구르인이 있다. 이 지역은 종교 활동의 세부 내용을 당국에

신고해야 하고 허가 없이 활동하면 체포된다. 또 종교 지도자는 정기적으로 당국의 지도를 받으며 활동에 필요한 면허를 갱신해야 한다. 모스크 내부에도 카메라가 설치되어 있어 모든 것을 감시당한다.

학교 교육에 대한 압박도 심각하다. 학교의 이슬람 교육이 금지되어 있어 아이들이 종교를 배울 수 없다. 또한 중국어 교육은 강요하면서 위구르어나 위구르 문화는 교육이 금지되어 민족 정체성을 배울 기회가 없다. 이 지역은 중국인이 행정과 경제를 총괄하기 때문에 중국어를 배워두지 않으면 취직하기가 어렵다.

2009년 위구르인이 우루무치에서 대규모 시위를 벌이다 군경과 충돌했다. 중국 정부는 군을 투입했고 시위는 내전으로 번져 197명의 사망자와 1,700명 이상의 부상자가 발생했다. 이른바 '우루무치 소요사태'다.

이러한 탄압은 신장위구르자치구에서 특히 심각했다. 중국공산당은 수많은 위구르인을 수용소에 가두고 노역을 강요했다. 이 과정에서 다수의 시망자가 발생하여 가족들이 시신을 찾고 싶다고 간청했으나 당국은 인도를 거부했다. 중국공산당은 종교 지도자, 이슬람 학자, 대학교수, 교사, 언론인, 작가, 회사원, 부유층, 위구르 문화와 역사에 긍지를 갖고 있는 보수파까지 모조리 구속하여 수용소로 보내고 있다. 유학 경험이 있거나 해외에 가족이 있는 위구르인도 위험 인물로 간주하여 구속했다. 2019년 폼페이오 미국 국무장관은 "이 시대 최악의 인권 위기가 일어나고 있으며 이는 금세기의 오점"이라고 중국을 비난했다.

인종 화합이라는 이름의 인종 청소 정책

현재 신장위구르자치구에는 한족이 대량 유입되고 있다. 중국 건국 초기인 1949년에는 한족의 비율이 6%에 불과했으나 현재는 절반이 넘는다. 당국은 한족에게 신장위구르자치구 이주를 적극 권장해, 이주한 한족에게는 세금 혜택을 주고 높은 급여를 지급했다.

수많은 위구르인 남성들이 수용소에 수감되었고, 위구르인 여성들은 한족과 강제로 결혼했다. 결혼에 동의하지 않으면 수용소에 갇힌 가족들이 무슨 일을 당할지 알 수 없어, 가족을 위해 억지로 한족 남성과 결혼하는 것이다. 그리고 태어난 아이들에게는 당국에 의해 중국식 교육이 이루어져 위구르의 종교·문화와 분리되었다. 위구르인의 민족 정체성을 자연 소멸시키려는 속셈이다. 신장위구르자치구에 강제 수용된 위구르인 대부분은 젊은 남성인 것으로 보도되고 있다. 즉, 인종 청소가 자행되고 있는 것이다.

일찍이 중국은 인구 억제를 위해 한 자녀 정책을 펼쳤다. 임산부들은 아들을 얻기 위해 태아의 성별을 진단했고, 딸로 확인되면 몇 번이고 낙태했다. 그 결과 성비 불균형이 발생해 결혼하지 못하는 남성이 증가했다. 중국은 이들을 위구르인 여성과 결혼시켜 실패한 한 자녀 정책의 희생자도 줄이고 위구르인 인종 청소도 해결한 것이다.

중국은 원래 이주 제한 등으로 호적을 엄격하게 관리하는데, 신장위구르자치구로 이주할 경우만 호적 취득 요건을 완화했다. 이런 식으로 농촌 한족 남성들의 이주를 부추기고 있다. 또한 위구르인 부부가 셋째

아이를 갖지 않기로 결정하면 수당을 지급한다. "출산을 줄여서 하루 빨리 부자가 되자"라는 슬로건에 따라 피임이나 낙태를 강요하는 것이다.

눈에 보이지 않는 인종 청소는 분명히 자행되고 있으며 이대로 가다가는 머지않아 위구르 문제 자체가 없어지게 된다. 이것이 중국이 노리는 '합리적인 해법'이다. 이 방식은 티베트인에게도 똑같이 적용된다. 21세기에 이처럼 노골적인 인종 청소 정책이 용인될 수 있는지 국제사회는 진지하게 고민해봐야 한다.

왜 중국에 이슬람교를 믿는 튀르크인이 있는가

위구르인은 튀르크계 민족이다. 튀르크인은 원래 몽골고원 북서부에 살고 있었다. 중국에서는 그들을 북방 이민족이라는 뜻에서 '적(狄)'이라고 불렀다. '적'이 '튀뤼크'라는 발음으로 북방에 알려지면서 이것을 한자로 음차한 '돌궐'이라는 호칭이 생겼다.

돌궐은 4세기 말부터 7세기까지 몽골고원에 대왕국을 형성하여 중국을 침공하기도 했다. 그러다 7세기에 중국에서 성립한 당 왕조에게 토벌되었다. 돌궐은 몽골고원을 버리고 서쪽으로 대이동하기 시작했다. 가장 먼저 향한 곳은 타림 분지(지금의 신장위구르자치구 카스 시 일대)와 준가얼 분지(지금의 신장위구르자치구 우루무치시 일대)였다.

8세기, 돌궐은 위구르로 명칭을 바꾸었다. '위구르'는 터키어로 '나는 주군이다'라는 뜻이다. 당시 튀르크인을 이끌던 우두머리가 스스로를 이렇게 부르면서 위구르라는 호칭이 사용됐다.

9세기 튀르크인은 투르키스탄으로 서진했고, 10세기에는 이슬람교를 받아들였다. 유목민이었던 위구르인은 전통적인 무속신앙이 있었으며 일부는 불교와 마니교를 믿었다. 마니교는 이란인 교주 마니가 이란 고유의 종교인 조로아스터교에 기독교와 불교적 요소를 도입해 절충한 종교이다. 10세기 이후에는 튀르크인 부족 대부분이 적극적으로 이슬람교에 귀의했다. 이 움직임은 이슬람 상인과의 교역이 유리해지고 무슬림 민족 간의 연대를 강화할 수 있다는 실리적 요인에 따른 것이었다.

투르키스탄은 '튀르크인이 사는 지역'이라는 뜻으로 파미르 고원 중심의 중앙아시아 일대를 가리킨다. 튀르크인은 투르키스탄의 여러 오아시스 도시를 확보한 덕분에 동서 교역에서 막대한 부를 쌓았다.

11세기에 튀르크인은 더욱 서진했고 아시아의 끝인 아나톨리아반도(소아시아)로 진출하여 셀주크 튀르크를 세운다. 16세기에는 셀주크 왕조를 모체로 한 오스만 제국이 큰 발전을 이루었고, 이것이 현재의 터키 공화국이 된다. 이스탄불 등의 도시로 유명한 터키 공화국은 원래 몽골고원에 살던 튀르크인의 후손이 세운 나라이다.

이처럼 튀르크인은 중국과 중동을 아우르며 유라시아 각 지역에서 세력을 형성했다. 중국 신장위구르자치구는 이러한 대이동의 역사적 흔적을 간직한 지역이다.

위구르인은 종교·문화가 같은 튀르크계 국가, 중앙아시아 5개국(카자흐스탄, 우즈베키스탄, 키르기스스탄, 타지키스탄, 투르크메니스탄)과 역사적으로 밀접한 관계가 있다. 원래 신장은 중국과 다른 문명권에 속하며, 중국에 편

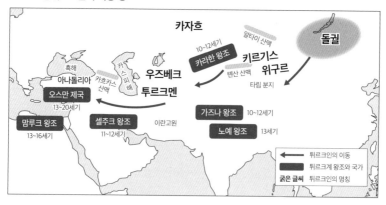

입될 지역이 아니다. '신장위구르자치구'가 아니라 '동투르키스탄'으로 불려야 마땅하다.

튀르크계 중앙아시아 국가들은 동포로서 위구르인을 도와야 하지만, 현실은 그렇지 않다. 중앙아시아 5개국 중 신장과 인접한 카자흐스탄, 키르기스스탄, 타지키스탄은 중국의 경제적 원조를 받고 있다. 1996년 중국, 러시아, 카자흐스탄, 키르기스스탄, 타지키스탄은 5개국 상하이협력기구(상하이 파이브)를 결성하여 중국의 경제 원조를 받는 대신 위구르인 분리 독립 운동에 개입하지 않기로 약속했고, 이것을 지금까지 지키고 있다.

위구르인은 언제 중국에 복속되었는가

위구르인은 서방과 중국을 잇는 교역 민족으로서 독자적인 세력과 이슬

도표 6-2 _ 유라시아 중부 이슬람 문명권 및 신장과 중앙아시아 5개국

람교 문화권을 형성해왔다.

청 왕조의 전성시대를 연 건륭제(재위 1735~1795년)는 판도를 넓히기 위해 대외 원정에 적극적으로 나섰다. 그는 몽골인 거주 지역인 준가얼부, 위구르인 거주 지역인 타림 분지와 준가얼 분지를 정복했다. 그리고 이지역을 '새로운 땅'이라는 뜻으로 '신장'이라 불렀다.

이때부터 위구르인은 중국에 복속되었고 이후 티베트인도 복속되었다. 달라이 라마 5세가 사망한 후 티베트가 혼란에 빠지자 1717년, 몽골인 준가얼족이 티베트를 점령하고 약탈했다. 티베트 사람들은 건륭제에게 도움을 청했다. 건륭제는 준가얼족을 정벌하는 동시에 티베트를 병

1950년 마오쩌둥과 회담하는 부르한 샤히디

합했다. 이미 몽골인에게 유린당한 티베트인은 청에 저항할 여력이 없어 복속될 수밖에 없었다.

청 왕조는 위구르인과 티베트인에게 관대한 자치를 일부 인정했다. 종교의 자유도 인정되어 청 왕조의 지배 아래에서도 이슬람교와 티베트불교 중심의 사회문화를 지킬 수 있었다.

1911년 신해혁명이 발발하고 청 왕조가 붕괴하자 신장은 중국(중화민국)으로부터 독립을 시도했다. 쑨원 측은 '하나의 중국'이라는 슬로건을 내세우며 독립을 인정하지 않았지만, 중국 내부의 혼란 속에서 사실상 독립 세력이 되었다.

1949년 마오쩌둥이 중화인민공화국을 건국한 후 인민해방군이 신장에 침입하여 신장 전역을 완전히 병합했다. 위구르인 민족주의자와 반공주의자를 불온분자로 간주하여 처형하고 신장을 무력으로 제압했다. 같은 해, 티베트인에게도 같은 일이 자행됐다.

부르한 샤이디 등 원래 국민당 쪽이었던 신장 위구르인 수뇌부는 중화인민공화국 성립 후 공산당에 굴복했고, 공산당에 의해 신장성 인민정부 주석이 되었다.

Chapter 7

또 다른 하나의
독립 문명권

f지역 : 단절
윈난의 불교

불교를 왕조의 지배력으로 삼은 독립 세력

종교는 문명을 구분짓는 결정적 요인이다. 위구르와 티베트는 중국의 유
교문명권에 속하지 않았다. 중국 서남부 윈난성의 소수민족도 독자적인
불교문화와 민간신앙이 있어 유교문명권에 속하지 않았다. 즉, 중국의 영
향력이 미치지 않은 것이다.

윈난성은 베트남, 라오스, 미얀마, 티베트 등 여러 민족이 교차하는
지역으로서 성도는 쿤밍시이다. 윈난은 중국과 동남아시아, 인도를 연결
하는 교역 요충지로서 번영을 누렸다.

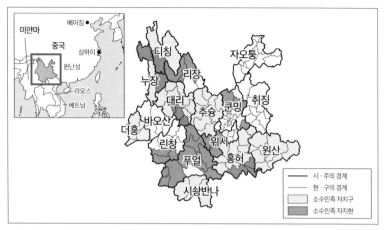

도표 7-1 _ 윈난의 16개 구

8개의 지급시(쿤밍, 취징, 위시, 바오산, 자오퉁, 린창, 푸얼, 리장)와 8개의 소수민족 자치구(추슝, 훙허, 원산, 시솽반나, 대리, 더훙, 누장, 디칭)까지 총 16개 구가 있고, 이 안에 29개의 민족 자치현이 설치되어 있다.

 윈난성의 인구는 약 4,000만 명으로 이족, 바이족, 나시족, 하니족 등 29개(분파까지 포함하면 더 많다) 소수민족으로 구성되어 있으며, 중국 전체에서 소수민족이 가장 많다. 중국 국가통계국에 따르면 윈난성 총인구의 약 30%가 소수민족들이다. 혼혈(한족과 소수민족)까지 포함하면 윈난성 인구 대부분이 소수민족일 것이다. 소수민족은 주로 티베트·미얀마 계열이다.

 이들은 7세기 후반, 불교를 바탕으로 남조라는 통일 왕조 건국했다. 남조의 역대 왕들은 불교에 귀의하여 왕성하게 불교 사찰을 건립했다. 남조의 지배층인 바이족은 불교를 매개로 민족 간의 결속력을 다지며 중국의 당 왕조에 맞서 치열하게 싸웠다.

8세기에 남조는 티베트인인 토번과 동맹을 맺고 당군을 무찔렀다. 755년에 당에서 안사의 난이 일어나자 남조는 쓰촨성 남쪽을 공격했다. 779년에는 토번과 남조 연합군이 청두를 포위하기도 했다. 비록 청두를 공략하는 데는 실패했지만, 남조의 위세는 하늘을 찔렀다.

한때는 당과 동맹을 맺고 토번의 영지이자 세계유산으로 유명한 리장을 점령하기도 했다. 9세기에는 당이 쇠퇴한 틈을 타 청두를 습격하여 약탈을 일삼았다. 남조는 이러한 여세를 몰아 미얀마, 라오스, 베트남까지 쳐들어왔고 태국을 넘어 캄보디아에 도달했다. 용감무쌍한 윈난의 소수민족은 거대한 중국에 굴복하지 않았다. 859년에 남조 왕은 황제의 칭호를 사용하기도 했다.

소수민족 고유의 종교 문화

남조가 강할 수 있었던 비결은 불교의 단결력 덕분이었다. 9세기 사서로 추정되는 『남조도전(南詔図伝)』은 관음보살이 초대 왕 앞에 나타나 "불교를 포교하면 나라가 번영할 것"이라고 하여 남조가 건국되었다고 기술한다. 왕권의 정당화를 위해 종교적 권위를 이용했다고 볼 수 있다. 이 전설에서 비롯된 관음신앙이 윈난에 정착하여 오늘에 이른다.

남조의 불교는 중국에서 건너온 대승불교를 바탕으로 티베트불교에서 온 밀교 양식의 색채가 강한 것이 특징이다. 그래서 절벽에 부처의 모습과 티베트 문자가 새겨진 석굴사원이 많다.

불교와 민간신앙이 혼합된 것도 특징이다. 바이족은 여성 생식기를 상징하는 아앙바이(阿央白)라는 상을 양육의 신으로 숭상한다. 이는 그들의 원시종교에서 유래했다. 참고로 여성 생식기상과 남성 생식기상을 창조신으로 숭상하는 것은 전 세계 원시종교의 공통적인 특징이다. 다만 불상 옆에 아앙바이를 배치하는 풍습은 바이족 고유의 제식문화이다. 그 밖에도 바이족 조상신을 모시는 본주교라는 민간신앙도 있다.

불교와 민간신앙을 혼합하는 종교관은 바이족뿐 아니라 이족, 나시족, 하니족 등 다른 소수민족에게 공통적으로 나타나는 특징이다. 알록달록한 민속 의상을 입고 악기 연주와 노래에 맞춰 불교 사찰과 사당에 절을 올리며 순회하는 방식도 같다.

환상의 불교 대국, 대리

바이족의 호족 단사평은 937년 남조 대신 대리를 건국했다. 대리는 남조 이상으로 불교를 보호했다. 윈난성 대리시에는 숭성사 삼탑 등 대리시대에 세워진 유명 불교 사찰이 많다. 단사평은 남조의 수도 대리시를 수도로 삼고 국호를 대리로 바꿨다. 우리가 아는 대리석은 바로 이 지역에서 풍부하게 산출되는 돌이다. 그 양질의 대리석으로 조각된 불상도 많다.

대리도 남조와 마찬가지로 왕이 황제를 자처하며 중국 황제에 대항했다. 그러나 1117년 중국 북송 왕조로부터 '운남 절도사 대리 국왕'으로 책봉되어, 중국에 대한 외교적 지위는 '왕'에 머물게 되었다. 이는 베트남의 통일 왕조와 마찬가지였다. 대내 칭호와 대외 칭호가 달랐던 것이다.

베트남의 통일 왕조가 유교문화를 도입한 반면, 윈난은 불교문화를

도표 7-2 _ 대리국과 11세기의 동아시아

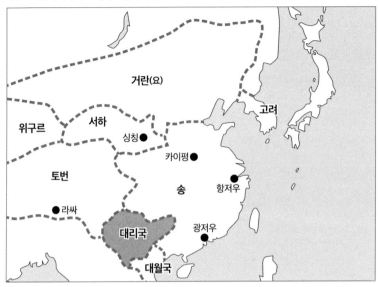

유지했기 때문에 중국과는 문화가 전혀 달랐다. 윈난은 애초에 중국의
일부가 아니었고, 중국의 지배권과는 정치·문화적으로 전혀 다른 지역
이었다.

1253년, 대리는 원 왕조 쿠빌라이 칸이 보낸 원정군에게 항복했다. 대
리 왕족 단씨는 총관(대리 지사)으로서 원 왕조를 섬기기로 약속했다. 반
면 베트남에서는 천칭 왕조가 원군을 격퇴했는데, 이 일로 윈난은 중국
에 편입되었고 월남(베트남)은 독립을 유지하게 되었다. 지정학적으로 중
국과 가까웠던 윈난은 베트남처럼 산림이나 습지대를 이용해 게릴라전
을 펼칠 수 없었기 때문에 중국에 편입될 수밖에 없었을 것이다.

『삼국지연의』는 제갈량이 남만 원정에서 윈난으로 진격하는 모습을 묘사하며 독사, 맹수, 독소(毒沼)가 도사리는 정글을 헤쳐 나가느라 행군이 어려웠다고 기술한다. 그런데 사실 청두에서 윈난으로 가는 루트는 산악지대이고 정글이 없어서 행군에 큰 어려움이 없다. 이러한 묘사는 주변을 미지의 땅으로 규정해버리는 중화사상에서 비롯된 것이다. 제갈량은 삽시간에 윈난을 제압했다.

남만왕 맹획은 왕이 아니라 이 지역을 통합한 한족 출신 소호족이었다(어머니는 소수민족 출신으로 알려짐). 그는 제갈량의 촉과 연합함으로써 윈난의 통치를 맡게 되었다.

종교 대립이 없었던 이유

1390년 명 왕조 홍무제가 윈난에 원정군을 파견했을 때, 단씨 일족은 명나라에 항복했다. 그러나 홍무제는 해당 지역의 은광을 차지하기 위해 단씨 일족을 빼고 직접 관할했다. 윈난은 그렇게 중국의 일부가 되었고, 또한 한족이 이 지역으로 이주하면서 혼혈화도 진행된다.

18세기 중반, 청의 건륭제는 윈난을 발판삼아 미얀마를 침공해 전쟁을 일으켰다. 건륭제는 역대 중국 황제들이 이루지 못한 동남아시아 지배의 야심이 있었다. 중신들의 간언을 무시한 채 "내가 못 할 일은 없다"라며 침공을 강행했다.

미얀마의 꼰바웅 왕조는 국경지대의 산림과 하천 등 복잡하고 험한 지형을 활용하여 게릴라전을 펼쳤다. 청나라 군대는 곤경에 빠졌고 엎

친데 덮친 격으로 전투 때마다 풍토병에 시달려 미얀마군에 패했다. 4년 간의 전투 끝에 양국은 화친을 체결했고 청군은 철수했다. 그럼에도 건 룽제는 미얀마가 조공국이 되었다고 간주하고 승리를 선언했다. 결국 건 룽제의 야망은 무너졌고 동남아시아 문화권의 독립은 지켜지게 되었다.

원난은 예로부터 불교 신앙을 온건하게 유지했기 때문에 종교 문제로 중국과 대립하거나 마찰을 빚은 일이 거의 없었으며, 급진적 독립운동이 일어난 적도 없었다. 중국과 문화·민족이 다른 원난 사람들이 중국에 지배당해왔다는 사실에 굴욕을 느끼지 않느냐고 묻는다면, 그렇지 않다 고 답할 것이다. 그들의 문화적 토대인 유구한 종교 문화가 너른 포용력 으로 민족의 분노와 고뇌를 누그러뜨린 덕분이다. 물론 위구르나 티베트 처럼 종교 대립이 수면으로 드러나지 않았을 뿐 대립이 없었던 것은 아 니다.

현재 원난 이족(彝族)의 인구는 약 800만 명으로, 중국 정부가 공인하 는 56개 민족 중 일곱 번째로 많다고 한다. 원난의 옛 지배층인 바이족 은 약 200만 명이다.

원래 이족의 한자 표기는 '夷(오랑캐 이)族'이었다. 그러다가 청 왕조 시 대의 지배층인 만주인들이 야만족으로 취급당했던 점을 감안하여 '夷' 자와 발음이 같은 '彝(떳떳할 이)'자를 사용했다. '彝'는 제사에 사용되는 신기(神器)를 뜻한다. 이족의 언어인 이어에는 '이문자'라는 고유의 표음 문자가 있다.

이어, 바이어 등 소수민족의 언어는 중국어 방언으로 취급되고 있는

데 사실 엄연한 독립 언어이다. 바이어는 한자로 표기하지만 중국어가 아니다. 지나·티베트 어족은 지나 어족(중국어)과 티베트·버마 어족으로 나뉘는데, 이어와 바이어는 티베트·버마 어족에 속한다. 티베트·버마 어족은 말 그대로 티베트와 미얀마 지역의 언어라서 중국어와는 다르다.

Chapter 8

도교가 대만을
새로운 세상으로 삼은 이유

g지역 : 분리
대만의 도교와 민간신앙

오두미도의 교주 장로의 후손이 대만으로

대만인은 유교, 불교, 도교가 융합된 민간신앙을 신봉한다. 특히 도교에 대한 믿음이 매우 강하며, 이러한 도교 제사와 의례에는 샤머니즘적인 민간신앙과 불교 요소가 혼재되어 있다. 대만 인구 대부분이 도교 중심의 혼합형 종교를 믿는다. 대만에는 불교 사원이 아닌데도 이름에 사(寺)가 붙은 도교 사당이 많다. 대만의 타이베이에 있는 용산사도 그러한 사당 중 하나다.

삼국지를 좋아하는 독자라면 오두미도의 교주 장로에 대해 들어본

도표 8-1 _ 음양태극도

음과 양이 서로 교차하고 만물이 끊임없이 변화하는 모습을 표현하는 도교의 상징이다. 양이 극에 달하면 음으로 변하고 음이 극에 달하면 양으로 변하는 것을 표현한다.

적이 있을 것이다. 그 장로의 후손이 현재 대만 도교의 최고지도자이다. 장로는 한중 지역(지금의 산시성 남부)에 적을 두고 도교 교단을 이끌며 조조에게 대항한 인물로 알려져 있다. 그의 후손은 서안 남서부에 있는 한중 지역에서 어떻게 대만으로 오게 되었을까? 도교의 역사를 간단히 짚어보자.

　도교는 유교, 불교에 이은 중국의 3대 종교이다. 도교의 창시자는 노자이다. 노자는 기원전 6세기 공자와 함께 활약한 사람으로 알려져 있지만 실존 여부는 불분명하다. 노자의 언행록인 『노자』는 공자가 강조한 인과 예는 인위적이라고 지적하며 '무위자연'을 설파한다. 무위자연이란 세속의 욕심을 버린 선경(仙境)에서 이상을 찾고, 자연스럽게 동화하는 자세를 말한다. 대중은 그의 사상을 받아들였고 이것이 도교로 발전하면서, 노자는 도교의 선조로 신격화되었다.

도교는 자연신을 믿는 다신교이다. 그중에서 삼국지의 영웅 관우도 있다. 삼국시대 말기에 조정의 전매품이던 소금이 백성들에게 부당할 만큼 비싸게 팔렸다고 한다. 이에 관우는 소금을 밀매하여 백성들에게 싸게 팔았고, 백성들은 그런 관우를 의로운 신으로 여기며 장사의 신으로 모셨다. 전 세계 각지에 퍼져 있는 화교들이 장사가 잘되기를 기원하며 차이나타운에 관제묘를 세운다. 이러한 믿음도 도교의 한 가지 형태라고 할 수 있다.

도교의 거점은 언제 중국 남부로 옮겨졌는가?

오두미도는 장로의 할아버지 장릉이 창시한 도교 교단으로, 3대 후계자인 장로는 교단을 무장하고 한중 지역을 공략하여 종교 왕국을 형성했다. 오두미도라는 명칭은 신자들에게 쌀 5말(약 20리터)을 기부하게 하여 붙여진 이름이다. 장릉의 혈통을 잇는 지도자는 '장천사(張天師)'이며 대만에 있는 사람들은 바로 그의 후손이다.

하지만 장천사 자리를 물려받은 사람들이 정말 장릉이나 장로의 후손인지 의심스럽다는 견해도 있다. 오두미도는 역대 장천사를 숭상한다고 하여 '천사도(天師道)'라 칭하기도 한다.

215년에 조조가 한중 지역을 제압하면서 장로를 비롯한 오두미도 세력이 항복을 하게 된다. 조조가 교단을 탄압했지만, 가까스로 해체를 면하고 존속하게 된다. 삼국시대 이후인 316년에 서진이 멸망하고 동진이

도표 8-2 _ 도교 세력 기반의 변천

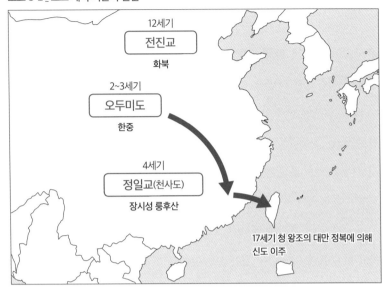

동쪽으로 이동하자 오두미도는 지도자 장천사와 함께 남부 장시성의 룽
후산으로 거점을 옮겼다. 이후 오두미도는 '정일교'라 불리며 장시성에
서 푸젠성, 광둥성까지 종교 세력을 형성하게 되었다.

도교는 종교관이 온건하였고 정치색을 띠지 않아 여러 왕조의 보호
를 받았다. 특히 북방 이민족이 도교의 신비주의 사상에 깊이 매료되어
12세기, 화북에 세워진 여진족의 금 왕조에 의해 철저히 보호받았다. 금
왕조 왕중양은 도교의 혁신을 주장하며 불교(선종)와 유교 교리를 도입
해 3가지 종교를 융합한 전진교를 창시했다. 이후 금 왕조의 지원으로
전진교가 널리 보급되었고, 화남(중국 남부)의 원조 도교를 계승한 정일교

와 세력을 양분하기에 이른다.

공산당의 탄압을 피해 망명한 장천사

중국이 처음으로 대만을 지배한 것은 1683년 청 왕조 강건제 때이다. 청은 대만을 푸젠성 통치 아래에 두었다. 강 건너 푸젠성과 광둥성에서 대만 이민이 급증했고 그때 도교(정일교)가 대만에 들어와 정착되었다. 이 시기 정일교는 불교 및 유교와 섞이며 세속화되었다. 이때 대만 도교의 원형이 완성되어 행천궁, 천후궁 등의 묘가 다수 건립되었다.

유교 이념에 따라 통치했던 강희제와 건륭제는 도교를 사이비로 간주하고 탄압했다. 신앙심이 깊은 도교인들은 신천지를 찾아 대만으로 이주했다. 정일교는 청의 탄압에 굴하지 않고 4세기부터 줄곧 거점으로 삼은 장시성의 룽후산에서 지도자 장천사와 함께 명맥을 유지했다.

1949년 중화인민공화국이 성립되자 공산주의 체제 아래에 모든 종교가 활동에 제약을 받았다. 특히 도교는 국민당과 깊은 관계를 맺고 있었기 때문에, 공산당에게 '인민을 현혹하는 미신·악폐'로 간주되어 일방적으로 처단 당했다. 63대 장천사 장은부는 룽후산을 버리고 대만으로 망명했다. 이때부터 정일교의 거점이 중국에서 대만으로 옮겨지게 되었다.

장은부의 아들들은 사망했거나 소식을 알 수 없어 남자 방계 후손들이 64대 천사로 선발되었다. 이후 방계 남자들이 후계자 자격을 계속 주장하여 정일교는 반 분열 상태에 빠지게 되었다.

중국 정부는 장은부의 친척들이 중국 본토에 남아 있다는 것을 알고 일련의 계승 문제에 개입하고 있다. 중국 본토의 룽후산에서 대만 장천사와는 별개의 장천사를 옹립하며 분열 공작을 벌이고 있다. 노골적으로 종교에 개입하고 있는 것이다.

제 2 부

인도 · 동남아시아
다신교 확산의 위협

제 2 부 인도·동남아시아

다신교 확산의 위협

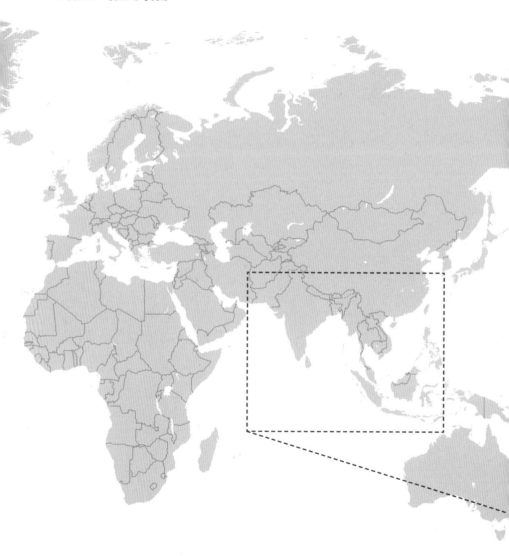

Chapter 9

거대한 반도,
수많은 종교의 발상지

핵심 지역 = 인도
힌두교의 분단 압력

여성을 산 채로 화장하는 의식

인도는 19세기까지 여성을 산 채로 화장하는 힌두교 의식, '사티'가 있었다. 죽은 남편을 화장할 때 살아 있는 아내를 함께 화장한 것이다. 17세기 중반, 프랑스의 여행가 겸 의사인 프랑수아 베르니에는 인도 여행 후 집필한 『무굴 제국 여행기』에서 사티에 대해 자세히 묘사했다. 그는 "인도에서 남편을 잃은 열두 살 남짓의 소녀가 사티에 의해 처참하게 불타 죽는 것을 보았다. 소녀는 타오르는 불길을 앞에서 떨고, 울고, 도망치려고 했지만 주위 사람들은 억지로 그녀의 손발을 묶고 불 속으로 밀어 넣었다"고 기술한다.

인도에서는 1978년에 유아혼 억제법이 제정되기 전까지 10살 정도의 소녀가 결혼하는 일은 비일비재했다. 나이든 부자와 결혼한 10대 소녀는 사티에 의해 화장되는 일이 많았다. 베르니에는 젊은 여성이 불타 죽는 모습도 목격했다. 불길 앞에서 울부짖으며 뒷걸음질 치는 여성을 구경꾼들이 몽둥이로 찔러 도망치지 못하게 했다는 것이다.

힌두교의 성전 『마누법전』은 '소녀, 젊은 여자, 늙은 여자를 막론하고 여자는 무엇이든 스스로 결정해서는 안 된다', '여자는 어릴 때는 아버지를, 젊을 때는 남편을, 남편이 죽은 후에는 자식을 따라야 한다. 여자는 결코 독립할 수 없다'라며 여성을 남성의 소유물로 간주한다. 그래서 남편이 죽으면 아내를 그 소유물로써 함께 화장했고, 홀로 남은 아내의 정조를 지키기 위해서라도 그렇게 해야 한다고 생각한 것이다. 하지만 『마누법전』에 사티를 인정하는 내용은 없다.

종교의 집단 히스테리

사티를 거부하는 여성은 비참한 일을 당했다. 배신자로 찍혀 힌두 사회에서 매장되었고 피차별 계급인 '아웃 카스트', 즉 카스트 계층에 끼지 못한 '불가촉천민(만지면 안 되는 사람)' 남자들의 노리갯감이 되었다.

사티 의식이 벌어지는 곳에는 불가촉천민 남자들이 몰려들어 젊은 여성이 불길에서 도망치기를 기다렸다. 그들은 도망친 여자를 노렸다. 사회적으로 말살시킨 것이다. 사티 의식에는 그러한 목적으로 매번 불가촉천민 남자들이 불려 나왔다. 19세기에 인도를 통치한 영국은 너무 야만적이라는 이유로 사티 풍습을 금지했다. 20세기에는 거의 볼 수 없지만 아직도 일부 보수적인 힌두교도들 사이에서는 이 의식이 행해지고 있다.

힌두교 사회는 극단적인 남존여비 사상 때문에 여성이 사회적으로 보호되지 않는다. 그렇다 보니 강간 사건이 빈번해서 사회문제가 되고 있다. 불합리하게도 범죄를 저지른 남성이 아닌, 강간당한 여성을 처벌하는 경우가 많다.

이는 힌두교만의 이야기는 아니다. 종교란 야만적이고 편협한 광기로 가득할 때가 있다. 게다가 폐쇄적 공간에서 맹신하는 경우가 많아 끔찍하게 왜곡된 형태로 나타나기도 한다. 종교에 도사리는 집단 히스테리적인 측면이 불합리적인 일을 아무런 비판도 없이 정당화한다.

간디도 옹호한 카스트제도

인도에는 힌두교와 아울러 극단적 신분제를 강요하는 카스트제도가 있다. 그래서 앞에 언급한 아웃 카스트 계층이 지금도 존재한다. 카스트는 포르투갈어 '카스타(가문)'에서 온 말로, 15세기에 인도를 찾은 포르투갈인이 명명했다. '카스타'는 영어의 'class(계급)'에 해당한다.

인도의 힌두교도 중, 상층에 해당하는 브라만(승려, 사제 계층)과 크샤트리아(귀족 계층)는 전체의 10% 정도에 불과하다. 그다음 바이샤(상인 계층)가 있고 다시 그 아래에 수드라(노예 계층)가 있다. 수드라는 전체의 60%로 가장 큰 비중을 차지한다. 수드라보다 더 아래에 있는 카스트제도권

바깥의 소외 계층이 아웃 카스트이며, 그들은 스스로를 달리트(억압받는
자)라고 말한다. 약 25%가 이 계층에 속한다.

이 같은 봉건적 신분제가 지금도 유지되고 있다는 사실이 놀랍지만,
인도 독립의 아버지 간디조차도 '출신에 따른 상식적인 분업'이라며 카
스트제도를 존중했다. 다만 불가촉천민에 대해서는 동정을 표했다. 간디
는 제3신분인 바이샤(상인 계층) 출신이다. 그의 집안은 상업으로 성공하
여 부를 이루었다.

힌두교는 왜 이렇게 극단적인 신분제를 강요할까? 그리고 카스트제도
는 어떻게 형성되었을까?

아리아인은 기원전 13세기에 인도를 정복한 후, 원주민 드라비다인을
지배하기 위해 '우리는 신이 선택한 종족'이라고 선전했다. 그리고 이를
증명하고자 브라만교를 창시했다. 브라만교는 브라만(Brahman)이라는
우주의 근본적 실재를 숭상한다. 브라흐마는 브라만을 신격화한 것으로
서, 창조신이다.

브라만교는 기원전 500년경 『베다』라는 성전에 그 사상을 정리했다.
우리가 불교 용어로 알고 있는 범아일여, 업, 윤회, 해탈 등의 용어는 원
래 브라만교에서 설파한 이념이며, 훗날 불교가 브라만교의 우주관을
받아들인 것이다. 그리고 아리아인을 신격화하기 위해 브라만교 교리에
바르나(종성)라는 신분제를 도입하여, 아리아인이 지배하는 사회질서를
형성했다. 이것이 카스트제도의 시작이었다.

힌두교는 인도교

브라만교의 성전인 『베다』는 난해하고 철학적이었다. 그래서 『베다』를 좀 더 쉽게 풀어 쓴 『마누법전』이 편찬되었다. 『마누법전』은 일상의 생활규범을 담은 성전으로, 이를 통해 브라만교가 일반 대중에게 보급되었다.

인류의 조상 마누가 신의 계시를 정리했다는 『마누법전』은 기원전 200년부터 서기 200년경에 만들어진 것으로 추정되지만 정확한 제작년도는 불분명하다. 이 시기 인도에서는 불교가 융성하여 브라만교는 신도들을 불교에 빼앗겼다. 그래서 백성들이 쉽게 이해할 수 있는 『마누법전』을 편찬하여 세력 확대를 노린 것이다.

그들의 계획대로 브라만교 신도는 증가했다. 4세기경 『마누법전』이 보급되면서 브라만교는 기존의 의식주의를 버리고 대중들의 생활과 밀

도표 9-1 _ 인도 종교의 변천사

착된 대중적인 종교로 변모했다. 그 무렵부터 기존의 명칭 대신 힌두교라는 명칭을 사용하게 되었다. 힌두교는 브라만교가 발전된 형태이며, 기본적으로는 같은 종교이다.

'힌두'는 브라만 고전어인 산스크리트어의 '신두(sindhu, 물·큰 강)'에서 온 말로 인더스강을 뜻한다. 신두는 페르시아어로 '힌두(Hindu)', 그리스어로 '인도(Indos)'가 된다. 단어에서 알 수 있듯이 힌두교는 '인도교'를 뜻한다.

힌두교는 뇌신, 수신, 화신 등 인간 주변의 자연신에 대해 설파한다. 농경 중심의 사회를 형성한 인도 인들은 늘 자연과 마주하는데, 힌두교는 인간에게 친숙한 신의 존재를 내세웠다. 『마누법전』은 우주의 근본적 실재인 '브라만'에 대해 알기 쉽게 설명했다. '브라만'을 신격화한 브라흐마신은 우주를 유지하는 신 비슈누, 파괴의 신 시바, 뇌신 인드라, 수신 바르나, 화신 아그니보다 상위에 있는 신이다.

약 14억 명에 달하는 인도 인구 중 힌두교도는 79.8%, 이슬람

창조신 브라흐마(1700년경의 그림, 보스턴미술관 소장) 힌두교에는 '삼신일체론(트리무르티)'의 이념이 있어 본래는 일체인 최고신이 '창조(과거), 유지(현재), 파괴(미래)'의 역할에 따라 3대 신 브라흐마, 비슈누, 시바로 나타난다. 브라흐마는 인기가 없고 비슈누신과 시바신이 신자들의 사랑을 받는다.

교도는 14.2%, 기독교도는 2.3%, 시크교도는 1.7%, 불교도는 0.7%, 자이나교도는 0.4%(2011년 국세 조사)로 힌두교도가 압도적 다수를 차지한다. 참고로 인도는 무교라고 응답하는 사람이 거의 없으며, 무엇이 됐든 누구나 종교를 갖고 있다.

브라만교에 대한 반발로 탄생한 불교와 자이나교

브라만교에 의해 형성된 카스트제도는 지배자가 질서를 유지하는 데 유용한 도구였다. 피지배자 측은 당연히 반발했다. 그 과정에서 브라만교의 신분제와 의식주의에 반대하고 나선 종교가 등장했다. 바로 불교와 자이나교였다. 두 종교는 기원전 5세기에 탄생했다.

순세파 사상가들도 브라만교를 비판했다. 순세파는 종교가 아니라 무신론을 주창하는 사상가들이었다. 순세는 '세속에 따른다'라는 뜻으로, 순세파 대표 아지타 케사캄발린은 신과 영혼의 존재를 부정했다. 그는 인간이 죽으면 물질로 돌아가 소멸한다며 종교를 비웃었다.

오늘날은 이러한 무신론이 문제되지 않지만, 고대에는 신과 영혼을 부정하면 배덕자나 악마로 몰아세우며 인간으로 취급하지 않았다. 브라만교는 순세파가 무신론을 주장하자 불교, 자이나교와 함께 '나스티카 (이단파)'로 규정하고 배척했다. 즉, 불교와 자이나교를 믿는 자들은 순세파와 마찬가지로 인간이 아니라고 성토한 것이다.

이렇게 고대 인도에서는 브라만교의 강력한 신분제 지배에 대한 반발로 새로운 종교가 탄생했다. 당시 인도는 중동의 아케메네스 왕조 페르시아와의 교역을 통해 경제 성장을 이루었고, 거기서 축적한 부로 종교 문화의 발전을 지탱했다. 브라만교는 반대 세력에 둘러싸여 불교에 패권을 빼앗겼지만, 중세 7세기에 힌두교로 복권되었다. 불교와 힌두교의 흥망 과정을 살펴보자.

불교를 이용한 통일 왕조

인도 사회는 기원전 326년 대격변을 겪는다. 페르시아 왕국의 정복자 알렉산드로스 대왕이 쳐들어온 것이다. 그리스인 알렉산드로스가 중동을 거쳐 인도까지 찾아왔으니, 원정의 규모가 매우 거대했으리라는 것을 짐작할 수 있다. 알렉산드로스는 인더스강을 넘어 인도 북서부로 침입했다. 거기서 다시 남하하려고 했으나, 그 이상은 위험하다고 판단한 부하들의 반대로 부득이하게 철수한다.

당시 인도는 부족사회로 각지에 소왕국이 할거하고 있었다. 외적의 위협에 노출된 소왕국은 군사력을 강화하여 약한 세력이나 부족들을 흡수했다. 인도의 부족사회는 점차 통합되었고 이윽고 새로운 통일 왕조가 탄생했다. 마우리아 왕조(기원전 4세기 성립), 쿠샨 왕조(1세기 성립), 굽타 왕조(4세기 성립), 바르다나 왕조(7세기 성립) 등의 통일 왕조가 흥망을 거듭했다. 그런데 이 통일 왕조들이 국교로 삼은 종교는 모두 불교였다. 왜 브라만교가 아닌 불교였을까?

다신교인 브라만교는 최고신 브라만을 중심으로 다양한 신이 있다. 그 신들은 인도 각지에서 신봉되었기 때문에 같은 종교 안에서도 여러 가지 주장이 있었고 신앙의 형태도 다양했다. 뿔뿔이 흩어진 상태로는 국가를 통일할 수 없었다. 반면 불교는 부처만 신봉하고 교리도 한 가지로 통일되어 있어 국가를 통일하는 데 편리했다.

또 브라만교 신관 세력은 통일 왕조의 중앙집권을 방해했다. 각 왕조는 신관을 비롯한 브라만교 보수파를 배제하기 위해서라도 불교가 필요했다. 불교는 살생을 엄격하게 금지하는데, 각 왕조는 왕조가 안정기에 들어선 후 동란이 일어나는 것을 막기 위해 살생을 금지하는 불교 교리를 이용했다.

이러한 불교의 교리는 평화로운 상업 환경을 원하는 상인들에게 큰 환대를 받았다. 상인들은 풍부한 자금으로 왕조의 재정을 적극적으로 지원하고 각지의 사원 건설에 관여했다.

왜 힌두교가 우세했는가?

불교 선성시대에도 브라만교는 사라지지 않고 힌두교로 모습을 바꾸어 대중에게 보급되었다. 힌두교가 정한 일상 규범이 인도 농민들의 생활에 스며들었다.

반면에 불교는 대중이 받아들이기에는 너무 난해했다. 게다가 통일 왕조가 추진한 불교 정책은 강제성이 있어 대중의 반발을 샀다. 통일 왕조의 중앙집권을 저지하려는 지방 호족세력은 대중의 반발에 기름을 붓기 위해 불교를 공격하고 힌두교를 보호했다. 불교와 힌두교가 벌인 종교 패권 다툼의 실체는 통일 왕조와 지방 호족의 패권 싸움이었던 것이다.

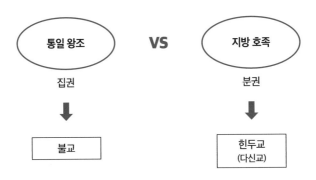

불교를 신봉한 통일 왕조는 지방 호족세력을 제압하지 못했고, 그런 의미에서 왕권은 힘이 없었다. 힌두교 세력은 '바크티 운동'을 벌였다. 바크티는 '신애(信愛)'를 뜻한다. 바크티 전도자들은 번거로운 의식주의를 없애고 단순한 힌두 교리를 대중에게 설파하여 큰 효과를 거두었다. 호족들은 바크티 운동을 지원하며 대중을 끌어 모았다. 통일 왕조는 지방 호족에 대항하지 못하고 힌두교의 위세에 눌렸다. 왕조는 통일을 싫어하는 인도 부족사회의 독특한 체질을 바꾸지 못했다.

중국도 원래 부족사회(씨족사회)였지만 몽골 등 북방 이민족의 위협 때문에 국가를 통일해야 했다. 중국에서 한(漢) 왕조를 비롯한 강력한 통일 왕조가 계속된 가장 큰 이유가 여기에 있다. 반면 인도는 기원전 4세기 알렉산드로스 대왕의 침공 후, 외적의 위협 없이 평화로운 시대가 계속되었다. 굳이 부족사회를 통합할 필요가 없었기 때문에 통일 왕조의 존재 이유도 희박했다.

4대 통일 왕조의 마지막인 바르다나 왕조는 유독 왕권이 약해서 50년도 되지 않아 무너졌다. 7세기에 통일 왕조 시대가 막을 내리자 보호자를 잃은 불교는 급격히 쇠퇴했다. 이후 힌두교의 다신교적 세계관 속에서 각지에 독립 지방정권이 난립했고 인도는 서서히 분열시대로 들어섰다. 16세기에 이슬람을 신봉하는 무굴 제국이 등장하면서 인도는 다시 통일됐다. 그러나 무굴 제국의 지배 하에서도 인도인 대다수는 이슬람화되지 않고 힌두교 신앙을 유지했다.

Chapter 10

통일 왕조에게 필요했던
종교의 원리

a지역 : 파생
태국과 미얀마의 불교

부처는 신이 아니다

부처(석가)를 불교의 신으로 생각하는 경우가 많은데, 부처는 신보다 격이 높은 '붓다'이다. 붓다(buddha)는 산스크리트어로 '깨닫다'를 뜻하는 동사 '부드흐(budh)'의 과거분사형으로 '깨달음을 얻은 자'라는 의미다. 즉 붓다는 이름이 아닌 존칭이다.

부처의 본명은 고타마 싯다르타이다. 부처를 석가라고 하는 이유는 중국에서 '샤카족의 성자'를 '석가모니'라고 표현했기 때문이다. 부처의 생몰년에 대해서는 여러 설이 있으나, 기원전 563년~기원전 483년이라

여래	석가여래, 대일여래, 아미타여래, 약사여래, 다보여래, 보생여래 등	
보살	미륵보살, 문수보살, 관음보살, 천수관음, 일광보살, 월광보살 등	붓다
명왕 (5대 명왕)	부동명왕, 항삼세명왕, 군다리명왕, 대위덕명왕, 금강야차명왕	
천부	범천, 변재천, 대흑천, 비사문천, 길상천, 제석천, 마리지천 등	여러 신

는 설과 기원전 463년~기원전 363년이라는 설이 유력하다.

불교에서는 이 세상에서 '깨달음을 얻은 자'는 고타마 싯다르타뿐이며 '석가 앞에 붓다 없고, 석가 뒤에 붓다 없다', 즉 부처만이 '붓다'라고 말한다. 중국에서는 부처를 소리 니는 대로 적이 붇다(佛陀)라 표현했고 부도(浮屠)라 쓰기도 했다.

'붓다'는 브라만교의 최고신 브라흐마(범천) 이외에 여러 신을 하위에 둔다(《도표 10-1》 참조). 불교에서는 우주의 근본적 실재인 브라만조차도 진리를 관장하는 부처 밑에 있는 것이다. '붓다'에는 〈도표 10-1〉과 같이 크게 3가지 형태가 있다. 여래, 보살, 명왕까지가 '붓다'이며 여기에 부처의 모습이 투영되어 있다.

여래는 부처가 깨달음을 얻은 후의 모습이며 검소하게 옷만 입고 있다. 여래란 '진여(진리)로부터 온 사람'이라는 뜻이다. 보살은 부처가 왕자의 신분으로 수행 중인 모습이며 보통 왕자의 관, 목걸이, 귀걸이 등의 장신구를 착용하고 있다. 보살은 '보리살타'의 줄임말로 '보리'는 불의 깨달음, '살타'는 구하는 사람(수행자)이라는 뜻이다. '명왕'은 부처가 인간을 구제하고 악에서 보호하기 위해 모습을 바꾸어 분노하며 싸우는 모습이다. 천부는 브라만교의 신을 비롯해 고대 인도인이 신봉한 신들이다.

불교는 원래 종교가 아닌 자기계발

불교의 시조 부처는 브라만교의 권위와 의식, 카스트제도를 부정했다. 부처는 의례나 신분에 얽매이지 않는, 자기 해방을 지향하라고 설파했다. 인도 고대 사회가 큰 발전을 이루면서 민중은 브라만교가 규정한 기존의 의식주의와 고정 신분제에 많은 의문을 품게 되었다. 부처는 그들에게 자기 해방을 지향하는 새로운 사고의 틀을 제시했다.

부처는 초월적인 신의 존재를 인정하지 않았고, 자신을 신격화하지도 않았다. 절대적인 신을 두게 되면 그 신을 모시는 의식주의가 횡행하고 이를 진행할 신관이 요구되어 신분이 생긴다. 브라만교의 폐해를 비판한 부처가 절대적인 신을 부정하는 것은 당연했다.

신의 개입 없이 순수하게 인간의 삶과 마음가짐에 대해 설파했다는 측면에서, 불교는 종교가 아니라 요즘의 자기계발과 비슷하다. 그러나 부처가 죽자 그 역시 절대적인 신처럼 취급되었다. 앞에 언급했듯이 부처는 브라만교의 최고신 브라흐만도 추앙하는 초월적 존재였다. 따라서 불교 원리는 부처에게 세계의 근원을 귀결시킨다는 의미에서 일신교적 성격을 띤다고 볼 수 있다.

인도차이나에 종교를 전파하다

부처의 죽음 이후 불교는 여러 유파로 분열되었다. 그중에서 주요 유파는 상좌부불교와 대승불교였다.

'상좌부'란 계율을 엄수하는 보수파 지도층을 말한다. 상좌부불교가 보수적이고 귀족적이라면, 널리 대중을 구제하려고 한 것이 대승불교이다. 불교 구제를 위해 '커다란 수레' 역할을 했다 하여 이러한 이름이 붙게 되었다. 대승불교는 상좌부불교에 '소승불교'라는 멸칭을 사용했다.

불교는 인도를 넘어 해외에 전파되었다. 기원전 3세기, 인도에서 마우리아 왕조 전성시대를 이끈 아소카왕은 스리랑카에 왕자를 파견해 불교를 포교하도록 했다. 미얀마에도 승려들을 파견하여 포교를 지시했다. 이후 상좌부불교는 미얀마, 태국 등 인도차이나반도 북서부의 주류 종교가 되어 동남아시아 불교문화를 꽃피웠다. 대승불교는 2세기경 인도 북쪽, 당시의 고속도로였던 실크로드를 타고 후한에 전파되었고, 다시 한반도를 거쳐 6세기에 일본에 전파되었다.

한편 인도차이나반도에는 상좌부불교 외에 힌두교가 전파되었다. 인도와 동남아시아의 교류는 1세기 말에 시작되었다. 당시 남인도에는 캄보디아와 베트남 남부로 이어지는 해상 루트가 형성되어 있었는데, 이 루트가 베트남에서 중국으로 뻗어 있었다. 중국 사서 『후한서』를 보면

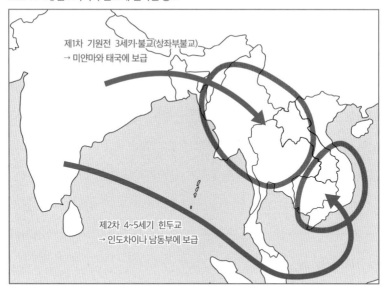

도표 10-2 _ 인도차이나 반도에 전파된 종교

제1차 기원전 3세기·불교(상좌부불교)
→ 미얀마와 태국에 보급

제2차 4~5세기 힌두교
→ 인도차이나 남동부에 보급

166년에 대진왕 안돈의 사신이 베트남의 일남군(현재의 베트남 중부)에 도
착했다는 기록이 있다. 여기서 '안돈'은 로마 오현제 중 한 명인 마르쿠스
아우렐리우스 안토니누스라는 설이 있다(다양한 설이 있음). 그의 사신이
이 해상 루트로 왔다.

4세기, 인도 굽타 왕조 시대에 인도 고전 문화가 전성기를 맞이한다.
인도 상인들이 동남아시아와 활발한 교역을 맺어 힌두교 문화가 동남아
시아 전역으로 확산되었다. 인도의 힌두교는 해상 루트로 직접 연결된
베트남 남부, 캄보디아 등의 인도차이나 남동부로 확산되었다. 캄보디아
의 크메르 문자는 인도 문자를 바탕으로 만든 것으로, 이 시대에 정착되

었다. 태국 문자는 이러한 크메르 문자에서 파생되었다.

미얀마와 캄보디아의 종교 패권 항쟁

9세기에 부상한 캄보디아의 앙코르 왕조는 12세기에 힌두교 사원 앙코르와트를 세우며 전성시대를 맞이했다. 앙코르 왕조는 인도차이나반도 전역을 지배했지만 태국과 미얀마의 불교 신앙은 흔들리지 않았다. 앙코르 왕조의 지배가 사실상 태국과 미얀마에 미치지 않은 것이다.

미얀마와 태국의 역대 통일 왕조는 불교를 국교로 정했다. 바간 왕조(11세기~14세기) 시대의 바간 유적과 아유타야 왕조(14세기~18세기) 시대의 아유타야 유적은 양국의 대표적인 불교 유적이다.

미얀마와 태국은 북부에 인접한 대리(7장 참조) 왕국의 소수민족과 티베트인 세력에게 침략을 당했다. 양국은 앙코르 왕조의 힌두교 세력과도 싸워야 했기 때문에 막강한 군사력이 필요했다. 미얀마와 태국의 통일 왕조는 외부 침입에 대항하고 나라를 통합하기 위해 다신교인 힌두교 대신 불교를 국교로 정했다.

특히 미얀마의 바간 왕조는 앙코르 왕조의 힌두교 세력에게 종교 패권을 빼앗겨 복종하는 일이 없도록 불교를 보루로 이교도와 성전을 벌였다. 그럼에도 힌두교 신앙이 민중들에게 침투하자, 굳이 힌두교를 탄압하지 않았고 너그러운 태도로 화합을 도모했다.

바간 왕조의 왕도에 남겨진 바간 유적은 캄보디아의 앙코르와트, 인도네시아의 보로부두르와 함께 세계 3대 불교 유적의 하나로 꼽힌다. 약

도표 10-3 _ 동남아시아의 종교 유적

40제곱킬로미터에 달하는 광활한 땅에 3,000개 이상의 불탑과 사찰 유
적이 세워져 있다. 바간 유적은 그 규모에도 불구하고 파고다(불탑) 복원
방법의 문제로 세계유산에 오르지 못하다가, 상황이 개선된 2019년에야
비로소 인정받게 되었다. 바간 왕조는 약 250년간 미얀마를 통치했으며,
1287년 원 왕조 쿠빌라이에게 멸망당했다.

　이후 미얀마는 태국의 아유타야 왕조에게 지배당하다가 16세기 전반
에는 통구 왕조를 세웠으며, 18세기 중반에는 꼰바웅(알라웅파야) 왕조를
세웠다. 미얀마의 모든 왕조들은 불교를 통일 이념으로 삼으며 보호했다.

　2014년 미얀마 정부가 31년 만에 실시한 국세조사에 따르면 전체 인

구 중 불교도의 비율은 87.9%, 기독교도는 6.2%, 이슬람교도는 4.3%였다. 방글라데시 국경지대에 있는 라카인주에는 이슬람교도 로힝야족이 100만 명 이상 거주하고 있다. 미얀마 정부는 이들을 자국민이 아닌 방글라데시 불법 이민자로 간주하고 있어 통계에서 제외됐다.

아유타야 왕조가 종교 패권을 장악한 배경

13세기 앙코르 왕조가 사원 건축에 국력을 소모하고 힌두교 분파 항쟁으로 쇠퇴하자, 1257년 태국 북부에 최초의 통일 왕조 수코타이 왕조가 건국된다. 이로써 태국은 앙코르 왕조로부터 분리 독립하게 된다.

수코타이 왕조의 제3대 왕 람캄행 시대에 몽골 원 왕조가 인도차이나를 침공했다. 미얀마의 바간 왕조와 캄보디아의 앙코르 왕조는 원의 막강한 군사력 앞에 굴복했다. 람캄행은 세력 확장을 위해 몽골인에게 쫓겨 태국으로 도망친 윈난의 대리국인들을 포섭했다.

몽골의 침공으로 캄보디아와 미얀마는 쇠퇴한 반면, 태국의 지위는 상대적으로 높아졌다. 수코타이 왕국은 불교를 왕국 통일의 이념으로 삼았다. 수코타이 역사공원은 유네스코 세계유산에 등재되어 있는 불교 유적지로서, 수코타이 왕조의 왕도였던 곳이다. 공원 중심부에 있는 왓마하탓 사원 유적은 람캄행 왕 시대에 건립되었다고 한다.

1350년, 남부의 유력 제후 라마티보디는 수코타이 왕조가 쇠퇴한 틈을 타 반란을 일으키며 아유타야 왕조를 세웠다. 이 왕조가 건설한 수많은 불교 사원들은 오늘날 세계유산으로 등재되어 있다.

도표 10-4 _ 인도차이나 왕조의 변천사

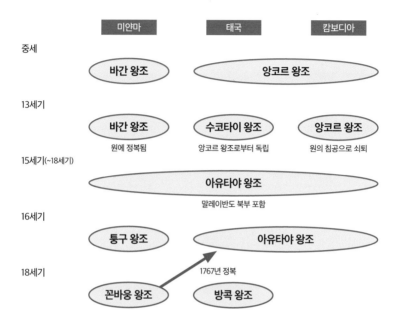

아유타야 왕조의 왕은 불교의 보호자 '다르마라자'로 신격화되었다. 왕을 신격화하는 현상이 심화되자 '왕은 신'이라는 사상이 형성되었다. 일반인이 왕을 만지거나 쳐다보면 처형하는 법도 만들어졌다. 이러한 사상은 불교 교리에 없기 때문에 힌두교의 영향으로 보는 설이 있다.

아유타야 왕조는 말레이반도를 지배하며 믈라카 해협을 장악했고 남중국해, 인도양과 활발한 교역을 맺으며 번영했다. 수도 아유타야는 동남아시아의 국제 상업 중심지로 번창했다. 아유타야 왕조는 1431년 캄보디아의 앙코르 왕조를 멸망시키고 미얀마에 진출하여 인도차이나반도 전역을 지배하며 패권을 차지했다. 앙코르 왕조 이후 힌두교 신앙은 급속히 쇠퇴했고 캄보디아는 불교 국가로 변모하게 되었다. 태국의 불교문화는 라오스에도 전파되어 14세기 랑상 왕국이 성립해 불교문화를 꽃피웠다. 이로써 베트남을 제외한 인도차이나반도 국가는 독실한 불교 국가가 되어 오늘에 이른다.

불상의 머리가 없는 이유

아유타야 사원 유적지에는 머리 없는 불상이 많다. 아유타야 왕조가 1767년 미얀마의 꼰바웅 왕조에게 멸망당했는데, 이때 아유타야가 파괴되면서 불상의 머리가 잘렸다.

왜 미얀마인들이 불상을 파괴했는지 명확한 이유는 알 수 없지만 몇 가지 설이 있다. 불상 안에 보물이 숨겨져 있어 훼손했다는 설, 적국의 수호불이라서 훼손했다는 설, 그리고 가장 가능성 높은 것이 머리 부분만 가지고 사라졌다는 설이다.

미얀마의 꼰바웅 왕조는 열성적인 불교국이었다. 역대 국왕들은 불교를 보호하며 막대한 기부금을 지원했다. 하지만 왕과 지배층의 깊은 불심에 비해 병사들의 믿음은 얕았는지 태국 사원을 무차별하게 파괴하고 약탈했다. 1782년, 아유타야 왕조 멸망 후 이 왕조의 장수였던 짜끄리는 태국인 세력을 합쳐 짜끄리 왕조를 세웠다. 이 왕조가 지금까지 이어지고 있다.

태국과 미얀마의 불교는 상좌부불교이다. 상좌부불교는 자기 수행을 통해서만 깨달음을 얻을 수 있다고 가르치기 때문에 계율 엄수와 수행이 중시된다. 미얀마와 태국 남성들은 대부분은 일정 기간 승려가 되어 수행을 쌓는다. 태국은 미얀마보다 불교도의 비중이 훨씬 커서 전체 인구의 95%가 불교도이며, 전국에 3만 개의 사원과 30만 명의 승려가 있다.

Chapter 11

불교 세력의 확장과
그 힘의 원천

b지역 : 우회 파생
말레이시아·인도네시아의 불교

중국 문화를 도입한 선진 지역

말레이시아와 인도네시아는 4~5세기 이후 힌두교가 보급되었다. 두 나라는 캄보디아, 남베트남처럼 힌두교 세력이 우세한 지역이었다. 그러나 7세기, 수마트라섬에서 건국된 스리위자야 왕국이 불교를 신봉하면서 힌두교가 배척되었다. 스리위자야 왕국은 믈라카 해협을 지배하며 중국과 동남아시아, 인도를 잇는 해상교역의 중계 거점으로 발전했다. '스리위자야'란 고대 인도의 산스크리트어로 스리는 '빛나다', 비자야는 '승리'라는 뜻이다.

도표 11-1 _ 스리위자야 왕국의 세력 범위

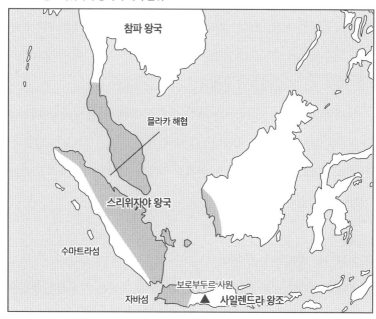

　7세기 후반 중국 당 왕조의 승려 의정은 스리위자야 왕국을 방문해 불교가 융성한 모습을 보고 『남해기귀내법전』에 다음과 같이 기록했다. "이 실리불서(스리위자야)의 성하에는 승려가 천여 명 있는데 학문에 힘쓰며 열심히 탁발을 수행하고 있다. 당의 승려들 중 인도에 가서 공부하고자 하는 사람은 이곳에 한두 해 머물면서 그 법식을 배운 뒤 인도로 가는 것이 좋다." 의정은 '스리위자야'의 표기에 '실리불서'라는 한자를 사용했다.

　스리위자야 왕국의 불교는 대승불교였다. 즉 불교가 인도에서 들어온 것이 아니라 중국을 통해 우회하여 들어온 것이다. '북전불교'라고도 하는 대승불교의 보급 경로는 인도 서북부에서 중국 방향으로 이어진다. 또한 대승불교가 수마트라섬으로 전파된 것은 5~6세기로 추정되는데, 이는 중국에서 대승불교가 융성했던 시기와 일치한다.

　말레이반도와 수마트라섬은 해상 루트를 통해 중국 문화가 베트남 다음으로 빠르게 유입된 지역이었다. 중국 문화를 적극적으로 도입한 선진 세력(중국계였을 가능성 있음)은 현지의 힌두교 세력을 무너뜨리고 스리위자야 왕국을 형성했다.

자바섬으로 확장된 불교 세력

스리위자야 왕국은 동쪽 자바섬으로 세력을 확장했다. 자바섬은 힌두교 우세 지역이었지만 스리위자야 왕국의 영향력이 커지면서 불교가 확산되었다.

　8세기 스리위자야 왕국의 분파이자 깊은 혈연관계에 있었던 사일렌드라 왕조가 자바섬에서 대두했다. 수마트라섬의 스리위자야 왕국과 자바섬의 사일렌드라 왕조는 같은 불교국(모두 대승불교)으로서 연합했다. '사일렌드라'는 산스크리트어로 '산(사일라)'과 '왕, 지배자(인드라)'를 뜻한다. 자바섬을 통일하며 강대해진 사일렌드라 왕조는 8세기 후반 인도차이나반도 해역에 진출하여 진랍(지금의 캄보디아)과 베트남 남부의 참파 왕국을 침략했다.

　이후 진랍의 크메르인(캄보디아인)에게 불교가 전파되었다. 캄보디아에 불교가 확산된 것은 사일렌드라 왕조의 영향이 크다고 볼 수 있다. 9세기 크메르인 자야바르만 2세는 사일렌드라 왕조 세력을 인도차이나반도에서 몰아내고 앙코르 왕조를 세울 때, 불교에 대항하여 힌두교를 강력히 내세웠다. 앙코르 왕조가 힌두교 세력이 된 것은 스리위자야 왕국과 사일렌드라 왕조의 불교 세력에 대항하려는 의지가 강했기 때문이다.

하지만 불교 신앙은 앙코르 왕조의 지배 하에서도 깊이 뿌리내렸다. 12세기 말 즉위한 자야바르만 7세는 불교를 신봉하며 앙코르톰(위대한 도시라는 뜻)을 불교 양식으로 건조했다(12장 참조).

왜 자바섬에 보로부두르 사원이 지어졌는가

사일렌드라 왕조는 자바섬 지배를 확립하기 위해 섬 중부에 보로부두르 사원를 건설했다. 보로부두르는 세계에서 가장 큰 석조 불교 사원으로 유네스코 세계유산에 등재되어 있다. 사일렌드라 왕조가 이렇게 거대하고 화려한 사원을 건설한 이유는 자바섬 사람들에게 불교의 위엄을 알리고 힌두교 신앙에 대항해 자바의 지배를 확립하기 위함이었다.

스리위자야 왕국은 동족으로서 보로부두르 건설을 적극 지원한 것으로 보인다. 그 당시 믈라카 해협을 경유하는 바닷길은 육상 교역로인 실크로드와 함께 활발하게 사용되었고, 이 지역을 지배한 불교 세력은 해상 교역을 통해 막대한 부를 쌓았다. 보로부드르 사원은 그것을 자금원으로 해서 건설되었을 가능성이 높다. 보로부두르는 산스크리트어의 '바라(Bara, 절)'와 인도네시아어의 '부두르(Budur, 언덕)'가 합성된 말로

토마스 스탬포드 래플스(조지 프랜시스 조셉 그림, 1817년, 영국 국립초
상화미술관 소장) 싱가포르를 건설한 영국의 동남아시아 식민지
행정관

'언덕 위의 절'을 의미한다.

보로부두르 사원은 화산재와 밀림에 파묻혀 오랫동안 잊혀져 있다가, 1814년 영국인 래플스와 네덜란드인 기술자 코르넬리우스의 발견으로 일부 발굴되었다.

나폴레옹 전쟁 당시 프랑스의 지배를 받던 네덜란드는 자바를 영유하고 있었는데, 래플스가 이곳을 점령하면서 부총독으로 승진하게 되었다. 그는 이 기간 동안 자바 연구에 몰두했고, 사재를 털어 우수한 박물학자와 고고학자들을 고용하여 탐험대를 조직했다. 래플스는 탐험대와 함께 원주민들을 만나 많은 정보를 기록·수집하는 과정에서 보로부두르 사원을 발견했다. 그는 본국으로 귀국하던 1817년에 『자바의 역사(The History of Java)』라는 책을 냈다.

불교 세력 패권의 쇠퇴

875년 황소의 난이 일어나 당나라는 혼란에 빠진다. 그 영향으로 믈라카 해협을 중계하는 해상 교역량이 급감하면서, 스리위자야 왕국은 수익원을 잃게 된다. 스리위자야 왕국의 세력이 끝없이 축소되자 분파인 사일렌드라 왕조가 멸망한다. 자바섬은 힌두교 세력이 다시 득세하면서 고(古) 마타람 왕국이 형성되었다.

고 마타람 왕국은 16세기에 성립한 마타람 왕국(이슬람교국)과는 다른 나라다. 고 마타람 왕국은 11세기와 13세기에 각각 케디리 왕국, 마자파히트 왕국으로 발전하며 힌두교 세력의 전성기를 이룬다.

사일렌드라 왕국은 멸망했지만 본체인 스리위자야 왕국은 이후에도 존속했다. 하지만 이 불교 세력은 13세기에 믈라카로 진출한 이슬람 상인들에게 해상 무역의 이권을 빼앗기고, 결국 14세기에 멸망했다. 스리위자야 왕국을 대신해 믈라카를 지배한 이슬람 세력은 14세기 말 동남아시아 최초의 이슬람 국가인 믈라카 왕국을 건국했다.

Chapter 12

거대 사원 앙코르와트,
그 건설 자금의 출처

c지역 : 재확산
캄보디아의 힌두교

앙드레 말로의 도굴

1923년 프랑스의 문학가 앙드레 말로는 프랑스령이었던 캄보디아를 여행했다. 22살 청년이었던 그의 여행 목적은 도굴이었다.

앙드레 말로는 캄보디아 북부 밀림에 있는 앙코르와트 사원 중 반테이스레이 사원의 여신상 부조를 훔쳐 국외로 반출하려다 체포되었다. 그러나 캄보디아는 프랑스의 식민지였기 때문에 겨우 1년의 집행유예를 선고받고 풀려났다. 말로는 도난 사건 이전 해에 주식에 재산을 쏟아 부었다가 주가 폭락으로 파산한 상태였는데, 도굴은 주식으로 입은 손실

을 메우기 위한 수단이었던 것으로 보인
다.

19세기 말부터 20세기 초까지, 프랑스
조사대는 수시로 캄보디아를 드나들며
조사라는 핑계로 앙코르 등의 미술품을
대량 반출해 프랑스로 가져갔다. 현재 그
중 다수가 파리의 기메미술관에 소장·전
시되고 있다.

앙코르와트 사원군의 더할 나위 없이
아름다운 신상들과 건축물은 말로를 비
롯한 수많은 사람들을 매료시켰다. 말로
는 자신의 '도난 사건'에서 영감을 얻어
『왕도로 가는 길』이라는 소설을 썼다. 여
기서 '왕도'는 앙코르와트 정문으로 통하

여신(데바타)상(앙코르 유적군 반테이크데이 사원. 저자
촬영) 사원에는 사당으로 통하는 회랑과 문, 여러
개의 중정이 있고 회랑 주벽은 개성 있고 우아한
데바타 상 조각으로 가득하다.

는 앙코르 유적의 중앙로와 거기서 전국으로 뻗어있던 간선도로를 말한
다. 소설 속 주인공들은 도굴한 조각상들을 가지고 정글 속을 헤맨다.

앙코르와트는 지금으로부터 약 800년 전인 12세기, 앙코르 왕조의
왕이 창건한 힌두교 사원이다. 앙코르와트 반경 수 킬로미터 이내에는
크고 작은 사원 유적이 무수히 산재해 있다. 이곳에 여신상 부조 등 여
러 힌두교 신과 그 세계관을 표현한 조각 및 벽화가 있다. 중세 캄보디아
인은 작은 일에 연연하는 현대인들이 결코 볼 수 없는, 아득한 세계의 거

룩하고 형이상학적인 조형물을 앙코르 땅에 구현했던 것이다.

힌두교에는 샥티(성력) 신앙이라는 것이 있다. 비슈누 신의 아내 락슈미, 파괴의 여신 칼리, 두르가 등의 여신(데바타)이 남신에게 성력을 부여한다고 믿는 신앙이다. 생명의 근원인 여신 숭배는 앙코르 유적군 전체를 뒤덮고 있다.

말로가 묘사한 왕도

앙코르와트는 19세기 후반 프랑스인 박물학자 앙리 무오에게 '발견(프랑스의 입장)'되기까지 정글 깊은 곳에 방치돼 있었다. 정글 속에서 갑자기 거대 유적과 맞닥뜨린 프랑스의 '발견자'들은 아마도 경악을 금치 못했을 것이다.

앙코르 유적군을 건립한 캄보디아의 앙코르 왕조는 9세기에 성립하여 12세기에 전성기를 누리며 인도차이나반도 대부분을 지배했다. 앙코르는 '도시'라는 뜻으로, 앙코르와트는 '도시의 사원'이 된다.

캄보디아는 이웃한 베트남, 인도네시아와 항쟁을 거듭한 끝에 세력을 확장하여 앙코르 왕조를 형성했다. 그리고 12세기에 18대 국왕 수리야바르만 2세(재위 1113~1150년) 치세에서 전성기를 맞이했다. 수리야바르만 2세는 베트남 남부 참파를 정복하고 메콩 강 하류역을 장악했으며, 태국 중부에서 차오프라야 강 유역에 이르는 인도차이나 반도 대부분을 차지했다. 메콩 강 하류 지역은 인도와 중국을 잇는 육지 및 해상 교역로의 중계 거점이었던 만큼 앙코르 왕조에 막대한 부를 가져다주었다.

수도 앙코르는 인도차이나반도의 한가운데 위치하여 동쪽으로는 베트남, 서쪽으로는 태국, 미얀마, 인도, 남쪽으로는 남중국해의 해상 경로, 북쪽으로는 라오스와 중국으로 이어지는 교통 요충지였다. 말로가 말하는 '왕도'는 앙코르에서 사방으로 뻗어나가는 교역로를 암시한다.

　　최근 일본 조치대학 이시자와 요시아키 교수의 연구로 '왕도'의 존재가 조금씩 밝혀지고 있다. 연구에 따르면 앙코르와트의 5~10배에 달하는 거대 규모의 5대 유적이 지방에 있었다고 한다. 앙코르에서 100km~150km 거리에 있는 이 유적들은 왕조 내에 지방 도시가 형성돼 있었다는 뜻이며, 이를 입증하듯 도시로 가는 길은 모두 앙코르와 이어져 있다. 이시자와 교수는 "모든 길은 로마로 통한다"라는 격언이 앙코르 왕조에도 해당된다고 주장했다.

　　캄보디아는 앙코르 왕조가 들어서기 전부터 베트남, 인도네시아와 항쟁을 거듭했다. 그중에서도 베트남 남부의 참족들은 일찍이 바닷길을 통해 중국과 교역을 맺어 부를 쌓았다. 밀림의 부족 사회에 살아온 캄보디아 사람들은 이러한 주변 세력에 대항하기 위해 일치단결하여 앙코르 왕조를 세운 것이다.

왜 거대한 종교사원을 만들었는가

캄보디아인은 부족별로 나뉘어 씨족과 혈족 중심의 사회를 형성하고 있었기 때문에, 그들을 하나의 왕국으로 통합할 종교의 힘이 필요했다. 자연을 숭배하던 밀림 사람들은 힌두교 신앙을 금세 받아들였다. 불교처럼 계율을 중시하는 종교보다 자연신 신앙으로 서서히 지역을 통합하는 것이 효과적이었다.

왕은 신들의 영광을 세상에 알리고 그 위대함을 증명하기 위해 앙코르와트 같은 거대 사원을 건립했다. 사람들은 왕을 힌두교 최고신의 하나인 비슈누 신의 화신으로 여겼다. 앙코르와트를 비롯한 힌두교 사원은 왕과 신이 일체화되는 장소이자, 왕이 신들의 영광을 세상에 알리고 그 위대함을 증명하기 위해 건설한 것이다.

12세기 전반에 수리야바르만 2세는 앙코르와트 건설을 위해 35년간 약 1만 명을 고용했다. 그는 노동자들과 그 가족에게 충분한 식량을 제공하고자 논을 개간했다. 앙코르 유적군 주변에 남아 있는 저수지와 수로의 흔적은 당시의 수준 높은 관개 기술을 보여준다.

풍부한 식량 생산은 도시 인구를 폭발적으로 증가시켰다. 가장 많을 때는 약 40만 명이 앙코르에 살았다고 한다. 왕조는 수도와 지방 행정을 모두 장악했고, 앞에 설명한 지방 도시에도 거대 사원을 건설하여 노동자를 대량으로 고용했다.

도시의 발달로 각 도시를 연결하는 교역로가 정비되고 물류와 교역 네트워크가 확장되면서, 마침내 캄보디아를 중계 거점으로 인도에서 남중국을 잇는 교역의 대동맥이 형성되었다. 이것이 말로가 말한 '왕도'이다. 점처럼 흩어진 도시들이 왕도에 의해 선으로 연결되어 교역이 활발해지면서 경제 파급 효과가 증대된 것이다.

거대 사원 건설을 뒷받침한 재정 상황

앙코르와트 등 각 도시의 거대 사원 건설은 눈부신 경제 발전으로 이어졌다. 왕조는 넘치는 자본으로 계속해서 거대 종교 건축물을 건설했고, 거기에 새로운 노동자들을 대량으로 동원함으로써 경제 규모가 확대되는 선순환이 이루어졌다.

종교는 열정만으로 존속되지 않는다. 그렇기 때문에 사람들의 경외심을 이끌어낼 장치가 필요하다. 그래서 그 수단으로써 보는 이를 압도하는 웅장한 종교 건축물이 만들어졌다. 하지만 건축물이 단순한 낭비에 그치면 사람들은 금세 믿음을 잃는다. 건축이 공공사업 성격을 띠고 노동자의 대량 고용으로 농업, 산업, 상업 경제권이 확대되어 직접적으로 경제 성장의 혜택을 느끼지 못하면, 종교는 지속되지 않는다.

앙코르와트 등의 거대 사원은 단순한 종교 시설이 아니었고, 왕족의 취미나 사치품은 더더욱 아니었다. 경제 성장 촉진에 필요한 기폭제였다. 경제 성장을 예상한 부유층은 적극적으로 사원 건설에 '투자(=기부)'했다. 그들은 〈도표 12-1〉과 같이 공물과는 별개로 모아둔 잉여 곡물을 왕에게 기부했다. 그 대가로 왕에게 각종 상업 이권과 토지 개발 및 개간을 허가받고 토지 소유를 보장받아 새로운 영지를 병합했다. 왕은 부유층에게 잉여 곡물을 걷어 빈곤층에게 지급했다. 그리고 빈곤층을 사원 건설에 투입했다.

왕의 권위를 이용해 땅을 얻으려는 부유층들이 기꺼이 잉여 곡물을 왕에게 기부했다. 이러한 '투자'는 종교적 일체성 속에서 높은 신용을 바

탕으로 유지되었고, 그러한 출자는 공덕으로 여겨져 사람들에게 신용을 얻는 요인이 되기도 했다. 거액의 기부금이 투자 명목으로 사원 건설에 사용되면서 고용 창출과 각종 인프라(관개 공사, 저수지 건조, 도로 부설 등)가 정비되었다. 왕조는 신들의 영광을 드높이는 동시에 현세의 번영도 이룰 수 있었다.

불교 사찰 바이욘과 왕조의 쇠퇴

전성기를 맞이한 앙코르 왕조가 중앙집권에 주력하던 시기, 힌두교의 다신교 교리가 돌연 발목을 잡았다. 힌두교는 지역마다 다른 신을 믿었기 때문에, 왕조를 통합하는 데 걸림돌이 된 것이다. 인도의 통일 왕조가 겪었던 상황과 비슷했다.

이러한 이유로 앙코르 왕조의 22대 국왕 자야바르만 7세(재위 1181~ 1218년 또는 1220년)는 불교에 의지했다. 힌두교를 계승하는 동시에 불교 정책을 펴서 서서히 불교를 뿌리내리고자 했다. 자야바르만 7세는 앙코르 톰(위대한 도시)을 건설하여 앙코르와트가 있는 광활한 지역을 구획별로 정비하고 중앙집권을 추진했다. 그리고 바이욘 등의 불교 사찰을 세웠다. 바이욘(Bayon)은 '아름다운(바이) 탑(욘)'이라는 뜻의 크메르어로, 탑마다 관음보살상의 인면상이 새겨져 있는 것이 특징이다.

자야바르만 7세가 나병 환자라는 설이 있는데, 실제로 그런지는 불분명하다. 유적에 있던 조각상을 자야바르만 7세로 믿은 사람들이 심하게 변색된 조각상을 보고 그렇게 추측한 것일 뿐이다. 한편 자야바르만 7세는 캄보디아 각지에 100개 이상의 병원을 세웠다. 어쩌면 스스로 병마와 싸우면서도 백성들의 안위를 생각했다고 볼 수 있다.

불교의 통일된 교리로 나라를 통솔하고자 한 자야바르만 7세의 시도는 오히려 나라를 분단시키는 결과를 낳았다. 각 지역에서 제후 간 분쟁과 종교 분파의 항쟁이 끝없이 이어졌다. 또 거듭된 원정과 거대 사원 건설로 앙코르 왕조는 국력이 급격하게 쇠퇴했다. 공공사업이었던 사원 건설은 예전처럼 경기 부양책이 되지 못했고 오히려 재정을 압박하는 요인이 되었다.

1283년 앙코르 왕조는 쿠빌라이 칸의 침공으로 몽골에 굴복하게 되었다. 15세기에 이르러 태국의 아유타야 왕조는 불교를 통해 중앙집권을 이루며 위세를 떨치게 되었다. 앙코르 왕조는 그 아유타야 왕조에게 1431년에 왕도 앙코르를 함락 당했다.

Chapter 13

중국 문명에 대항하는
인도 문명 최전방

d지역 : 분단
베트남 남부의 힌두교

힌두 문명권이었던 베트남 남부

베트남 중부의 세계유산도시 호이안에서 서쪽으로 약 40km 거리에 세계문화유산에 등재된 힌두교 사원 유적군, 미선 성역이 있다. '미선'은 '미산(美山)'의 베트남어 발음이다.

4세기 후반, 미선 성역에서 신전 건축이 시작되어 7세기부터 13세기까지 대규모 신전이 만들어졌다. 대부분은 캄보디아의 앙코르와트 유적군보다 오래된 것들이다. 복잡한 조형과 정밀한 부조 장식이 돋보이는 신전은 앙코르 유적군에 버금가는 고도의 기술력을 보여준다.

미선 성역의 신전(저자 촬영) 20세기 초 프랑스인에게 발견됐으나 그들에 의해 많은 미술품이 도굴되면서 유실됐다. 또한 베트남전 당시 미 공군의 폭격으로 유적 전체가 크게 훼손되었다. 도굴되지 않은 일부 석상은 다낭시 참조각박물관에 있다.

어떻게 이러한 힌두교 사원 유적이 베트남에 만들어졌을까? 원래 베트남 중남부에 거주하던 참족은 북부 베트남인들과 다른 민족이었다. 참족들은 고대 북부 베트남인들처럼 중국의 지배 아래 그 문명의 영향을 받았다.

그러다가 192년 후한시대에 독립을 이루었다. 참족들은 자신의 왕국을 세우고 '참파 왕국'이라 명명했다. 그들은 3세기 삼국시대 오(吳)에 사신을 보내 조공을 바쳤다. 참파 왕국은 중국 사서에 '첨파', '점파', '임읍', '환왕', '점성'이라는 명칭으로 기록되어 있다.

9세기 이후부터는 보통 '점성'이라고 표기했다. 참파 왕국에서 생산하는 올벼의 일종인 점성벼(참파쌀)가 중국에 전파된 후, 강남 지방의 이기작이 가능해져 쌀 생산량이 급속도로 증가했다. 참파 왕국은 중국도 인정하는 강대국이었다.

왜 중국 문명권에서 이탈했는가

참파 왕국의 발전은 메콩 강 하류(캄보디아 남부와 베트남 남부)를 장악했던 부남국과 큰 관련이 있다. 부남국은 1세기부터 7세기까지 번성한 힌두교 국가이다. '부남'은 중국에서 붙인 국명이며, 그들이 직접 붙인 국명은 알려진 바가 없다. 민족은 오스트로네시아계로서 참족, 말레이반도 및 인

도표 13-1 _ 부남국과 참파 왕국

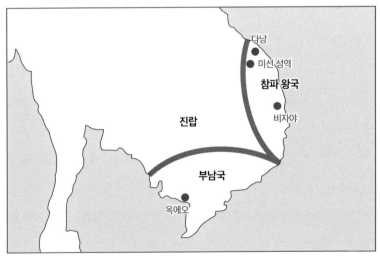

도네시아 도서부의 해양 민족과 같고 크메르인(캄보디아인)과는 다르다.

중국과 인도를 잇는 해양 교역으로 번성한 부남국은 외항 옥에오(Óc Eo)에 막대한 부가 집중돼 있었다. 그들은 인도와 왕성한 교역을 맺다가 1세기경부터 인도 문화를 수용했다. 부남국은 많은 인도인을 관료로 채용하고 산스크리트어를 법률 용어에 사용하는 등, 동남아시아에서 가장 먼저 인도의 영향을 받은 선진 지역이었다.

4세기경 부남국의 수준 높은 인도 문화를 접하게 된 참파 왕국은 중국 문화권에서 벗어나 힌두교를 받아들이게 되었다. 힌두교는 밀림 사람들의 정신세계에 쉽게 침투했고 빠른 속도로 확산되었다. 이 과정에서 미선 성역의 힌두교 사원이 건설되었다. 부남국 사람들과 같은 계열의 언어를 사용한 참족은 그들에게 강한 동질감을 느꼈다. 아마도 양측의 이주와 혼혈이 빈번했을 것이다. 이렇게 인도차이나반도에서 가장 먼저 인도 문명을 받아들인 참파 왕국은 중국 문명에 대항하는 세력이 되었다.

참파 왕국의 쇠퇴

6세기에 캄보디아 북부의 크메르인 진랍이 대두하여 남부의 부남과 격렬한 전투를 벌였다. 부남은 628년 진랍의 이샤나바르만 1세에게 멸망당했다. 상업 국가인 부남은 군자금을 마련하지 못한 데다, 단결이 되지 않아 일치단결한 북방 농경 세력에게 굴복하게 되었다.

미선 성역의 비문에 부남의 멸망이 기록되어 있다. 참파 왕국에게 문화 종주국이었던 부남의 멸망은 큰 사건이었다.

이후 진랍에서 발전한 앙코르 왕조가 위세를 떨쳤다. 그 가운데 참파 왕국은 쇠퇴하여 11세기에 왕도 다낭과 미선 성역을 포기하고, 남쪽 비자야(빈딘성의 성도 쿠이뇨) 부근으로 천도했다. 12세기에 참파 왕국은 앙코르 왕조에게 복종했으나, 13세기에는 북베트남의 통일 왕조 쩐 왕조처럼 몽골의 원군을 물리치고 앙코르 왕조의 지배에서도 벗어났다.

쩐 왕조를 비롯한 베트남 통일 왕조는 북부 홍강(송코이강) 삼각주인 하노이 일대를 지배하는 데 그치고, 중남부 참파 왕국의 영역은 지배하지 못했다. 그러나 15세기에 성립한 레 왕조는 막강한 군사력을 앞세워 남진했고, 참파 왕국은 1471년 수도 비자야를 점령당하면서 멸망했다. 레 왕조는 남북 베트남을 통일했다.

유랑민이 된 참족들은 베트남 남부 해안 지대와 산악 지대로 이주하여 지금도 소수민족으로 살아가며 힌두교 문화를 계승하고 있다.

Chapter 14

힌두교·이슬람교의
거대 종교 패권에 대항하다

e지역 : 대립
인도 서북부의 자이나교와 시크교

불살생주의를 엄수하는 자이나교도의 식사

자이나교는 다소 생소한 종교일 것이다. 이 종교는 인도를 중심으로 500
만~1,000만 명의 신자가 있으며 살생을 철저히 금지하여 육식을 하지
않는다. 그들은 걷거나 앉을 때, 빗자루질을 할 때에도 벌레처럼 작은 생
물이 밟혀 죽지 않도록 조심한다. 세상에 주어진 모든 생명이 신성하고
귀하다는 신조가 있으며, 이 불살생을 '아힘사'라고 칭한다.

　필자도 주변의 자이나교 사원의 인도인 신도들에게 정말 육식을 하
지 않는지 물어보았다. 채식주의자 치고는 체격이 건장했기 때문이다. 그

도표 14-1 _ 자이나교 신자가 많은 지역

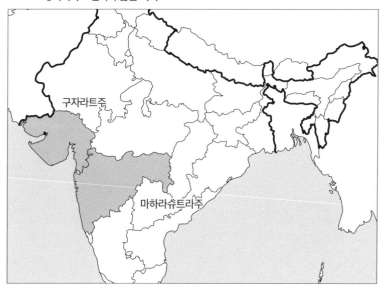

들은 고기나 생선을 전혀 입에 대지 않으며 주로 카레를 먹는다고 답했다. 물론 고기가 들어가지 않은 야채 카레다. 주식은 쌀과 난이며 동물성 단백질은 우유와 요구르트로 섭취한다고 했다.

또 음주는 물론 감자, 당근 등의 뿌리채소도 금지된다. 뿌리를 수확하는 것은 식물의 생명을 통째로 끊어 버리는 것이기 때문이다. 그들은 모기에 물려도 잡지 않는다. 모기가 피 빠는 모습을 그저 지켜볼 뿐이라고 한다.

인도의 자이나교도는 전체 인구의 1%밖에 안 되지만, 전체 세금의 약 4분의 1을 낼 만큼 대부분이 부유층이다. 막스 베버는 20세기 초 저서

『인도의 종교(The Religion of India)』에서 "전체 인구의 0.5%에 불과한 자이나교도가 인도 부의 50%를 소유한다"라고 기술했다.

자이나교도 중에 부자가 많은 이유는 자이나교가 상인층의 지지를 얻었기 때문이다. 철저한 불살생으로 세상을 평화롭게 이끄는 자이나교의 교리는 장사가 번창하기를 원하는 상인들의 마음을 사로잡았다. 자이나교가 다른 종교에 관용을 베푼다는 점도 이교도와 교역하는 상인들에게 매력적으로 다가왔다. 특히 인도 서부의 구자라트주, 마하라슈트라주 상인들 중에 신도가 많아서, 이 지역 곳곳에 웅장한 사원이 많이 세워져 있다.

부유하지만 패권을 잡지 못한 이유

자이나교 창시자는 바르다마나이다. 신자들은 마하비라라는 존칭으로 부른다. 바르다마나는 부처와 동 시기의 인물로, 붓다의 생몰년에 여러 가지 설이 있듯이 그의 생몰년도 불확실하다. 다만 기원전 6세기~기원전 4세기경에 활약했다는 설이 유력하다. '자이나(Jaina)'란 고난을 극복한 '지나(승리자)'의 가르침이라는 뜻이다.

자이나교에서는 불살생 계율과 더불어 바르다마나를 따르는 고행이 요구된다. 또 재산의 소유를 죄악시하여 무욕과 무아를 실천한다. 바르다마나는 소유욕은 아무리 가져도 커질 수밖에 없고 욕심이 생기면 타인을 해치며 결국 살생으로 이어진다고 말한다. 따라서 옷 없이 알몸 상태로 있는 것을 이상적인 수행으로 여긴다.

이러한 까다로움 때문에 자이나교는 불교보다 신도를 많이 확보할 수 없었다. 교인들은 부유했지만, 수적 열세로 종교 패권을 형성하는 데 실패했다. 그러는 한편 재가신도들이 재산을 기부하는 조건으로 소유의 죄를 줄여주는 타협안이 제시되어 부유한 상인들의 지지를 얻었다.

자이나교는 불교와 마찬가지로 브라만교를 부정했고, 절대적인 신의 개입 없는 인간의 생활양식과 마음가짐에 대해 설파했다. 부처의

바르다마나 상(미국 시애틀아시아미술관 소장) 바르다마나는 고행을 거듭하다 72세의 나이에 단식으로 '신체를 포기하고 해탈'하여 사망했다.

죽음 이후 자이나교는 불교의 비판을 받는다. 바르다마나는 "진리는 다양하게 표현될 수 있다"라며 일방적으로 단정하지 않는 상대주의를 중시했지만, 절대 진리를 믿는 불교는 이를 인정하지 않았던 것이다.

아지비카교, 인간의 노력은 헛되다

불교, 자이나교 외에 브라만교에 반대한 또 다른 종교는 아지비카교였다. '아지비카'란 '생명이 있는 한'이라는 뜻으로, 신도는 말 그대로 생명이 있는 한 맹세를 지켜야 했다. 마우리야 왕조의 아소카 왕 비문에는 불교,

브라만교, 자이나교와 함께 아지비카교에 대한 내용이 기록되어 있다.

아지비카교의 창시자는 바르다마나의 제자 마칼리 고살라이다. 운명이 모든 것을 결정한다는 비관적 숙명론과 함께, 고행을 통한 아사와 이승에 대한 집착에서 벗어나는 것을 기쁨으로 여겼다. 아지비카교는 단식에 의한 아사가 심신의 모든 행위를 소멸시키는 해탈이자 구원이라는 염세주의에 입각한다. 이 종교는 한동안 성행하다 13세기 이후 소멸했다. 마칼리 고살라는 "인간의 노력은 헛되다"라는 허무주의를 주장하여 부처와 자신의 스승 바르다마나에게 비판을 당했다.

순수 이념만 믿는 전투 집단, 시크교

시크교는 16세기 초 나나크라는 인물이 힌두교의 개혁을 호소하며 창시했다. 이 종교는 인도 서북부와 파키스탄을 아우르는 펀자브 지방에서 세력을 모았다. '시크'는 제자를 뜻하는 산스크리트어로, 창시자 나나크를 스승(구루)으로 하는 제자(시크)들의 종교라는 뜻을 담고 있다.

시크교는 이슬람교의 영향으로 우상 숭배와 카스트를 부정한다. '절대 진리(사트남)', 즉 순수 이념만 믿는다. 교조 나나크부터 10대 구루까지 명맥을 이어오다가, 10대 구루의 아들들이 무굴 제국과의 전쟁에서 전사한 후 후계자가 끊어졌다. 이들은 10대 구루들의 가르침이 담긴 『구루 그란스 사힙』을 경전으로 사용한다.

당시 시크교는 무굴 제국에 저항했고 19세기에는 영국의 침략에 맞서 싸웠다. 그래서 전투 집단의 성격이 강해졌고, 그 영향으로 신도들

도표 14-2 _ 시크교의 거점, 펀자브 지방

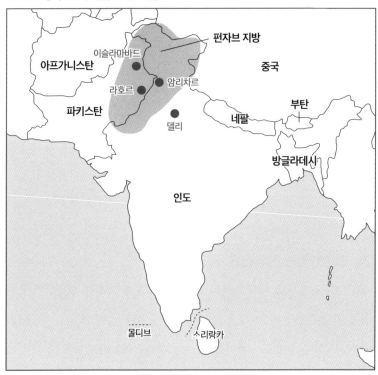

은 항상 칼을 차고 다닌다. 현대의 시크교는 펀자브 지방을 중심으로 약 2,400만 명의 신자가 있다. 시크교도 중에는 인도의 힌두교나 파키스탄의 이슬람교가 싫어서 영국, 미국, 홍콩 등지로 이주한 사람도 많다. 시크교의 성지는 인도 서북부 암리차르의 황금사원이다. 신도 중 일부 과격파는 인도로부터의 독립을 주장했다. 인디라 간디 총리는 시크교의 독립 운동을 무력으로 진압하다 1984년에 과격파에 의해 암살당했다.

시크교 같은 비주류 종교가 탄생한 이유

시크교도는 인도 전체 인구의 1.7%를 차지한다. 어째서 16세기에 이러한 비주류 종교가 탄생했을까? 그것은 시크교가 탄생한 펀자브 지방의 사정과 관련이 있다.

무굴 제국이 성립하기 이전의 16세기 펀자브 지방은 인도 북서부를 지배한 이슬람 왕조 델리 술탄(15장 참조)의 거점이었다. 이 지역은 펀자브어라는 고유한 지역 언어가 있는데, 원래 이슬람교 신봉 지역이었다. 그러다가 인도에서 힌두교 문화가 유입되어 두 종교가 뒤섞였고, 인도인의 이주로 이슬람교와 힌두교로 지역민이 양분되어 있었다.

따라서 지역 세력의 결속을 위해 이슬람교나 힌두교가 아닌 제3의 종교를 모색해야 했다. 펀자브 지방은 인도와 중앙아시아 및 중동을 잇는

도표 14-3 _ 인도의 종교 인구 분포

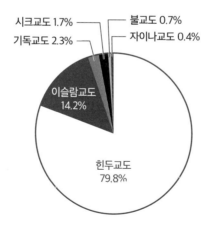

시크교도 1.7% ── ── 불교도 0.7%
기독교도 2.3% ── ── 자이나교도 0.4%

이슬람교도
14.2%

힌두교도
79.8%

교통의 요충지로서, 예로부터 무역이 활발하여 부가 집중되어 있었다. 이 지역이 뭉치면 거대 세력이 될 수 있다는 경제적 계산에 따라 시크교 같은 신흥 종교가 사회적으로 요구된 것이다. 시크교가 탄생한 16세기 초는 델리 술탄 왕조 시대의 말기로, 이슬람교 지배가 완화되고 사회의 유동성이 증가해 경제적으로는 풍요로웠지만 정치적으로는 불안정했다. 종교는 대개 경제 번영과 정치적 불안정이라는

란지트 싱(마누 카울 사르쟈 그림, 2009년, 개인 소장) 시크교 세력의 전성시대를 이끌었으며 펀자브 지방을 거점으로 영토를 확장했다.

사회 균열 속에서 탄생한다. 시크교도 예외는 아니었다.

17세기 후반, 시크교도들은 무굴 제국 아우랑제브 황제의 탄압에 대항하며 결속을 다졌다. 그렇게 서북 인도의 최대 세력이 되었고, 호족 란지트 싱이 시크교도들을 규합해 1801년에 라호르를 수도로 시크교국을 세웠다.

하지만 1839년 란지트 싱이 사망한 후 내부 분열이 일어났고, 그 혼란을 틈타 영국이 침략했다. 용맹스러운 시크교도들도 영국군의 화력 앞에서는 속수무책이었고, 결국 1849년 시크교국은 멸망한다. 이후 펀자브 지방은 영국령 식민지가 되었다.

Chapter 15

무굴 제국
이슬람주의의 계승자

f지역 : 잔재
파키스탄·방글라데시의 이슬람교

왜 파키스탄은 이슬람화되었는가

2019년 8월, 만모한 싱 인도 국방장관이 트위터에 "인도는 핵 선제 불사용 방침을 고수하고 있지만 앞으로는 상황에 따라 바뀔 수 있다"라는 글을 올리며, 핵 선제 사용의 가능성을 내비쳤다. 같은 해 2월, 영유권 분쟁 중인 카슈미르 지역에서 파키스탄 이슬람 과격단체들이 인도 군중을 공격해 긴장이 고조됐기 때문이다. 이에 대해 파키스탄의 임란 칸 총리는 "핵무기에 의한 선제공격은 없을 것"이라는 입장을 밝히고, 인도가 국제 사회에서 책임감 없이 행동한다고 비판했다. 인도와 파키스탄은 핵

무기 보유 국가이다.

파키스탄은 한국의 7배 면적에 2억 명의 인구가 사는 거대 국가이다. 서쪽은 이란, 동쪽은 인도, 북쪽은 중앙아시아와 연결되는 교통 요충지였기 때문에 일찍이 인도계, 이란계, 터키계 등 '인종 전시장'을 방불케 할 만큼 수많은 소수민족이 분포해 있었다. 하지만 그 민족들이 전부 이슬람교를 신봉하며 종교를 중심으로 연합했다.

8~9세기에 중국 북방에 거주하던 튀르크인들은 중앙아시아로 서진하여 10세기에 카라한 왕조를 세웠다. 또한 같은 시기에 아프가니스탄의 가즈나(가즈니)를 수도로 가즈나 왕조를 건국했다. 튀르크인들은 이슬람교를 수용했고 이후 중앙아시아, 아프가니스탄, 파키스탄이 이슬람화되었다. 하지만 원래 이 지역은 불교와 힌두교를 신봉했다.

13세기에 몽골인 세력이 부상하여 중앙아시아를 석권하자 튀르크인들은 남쪽으로 밀려났고, 파키스탄과 서북 인도에서는 델리 술탄 왕조라는 이슬람 5왕조가 16세기까지 흥망을 거듭했다. 델리 술탄 왕조 시대에 불교와 힌두교를 신봉하던 토착 호족들이 무력으로 제거되면서, 이슬람화 통일이 이루어졌다.

이 지역의 여러 민족들은 뿔뿔이 흩어지기보다 이슬람을 중심으로 통합하여 지역 세력의 단결을 추구하는 것이 경제·정치적으로 유리하다고 생각하는 세속적 동기가 있었다. 또한 이슬람교의 관용성이 여러 민족의 세속적 이해관계를 유연하게 조정하는 도구로서 효과를 발휘했다. 통합은 강압 없이 온건하고 완만한 지역 연합의 형태로, 여러 민족의 문화와 관습 등을 존중하며 이루어졌다.

인도의 힌두교 토착 호족

파키스탄과 서북 인도는 이슬람화되었지만 인도 중심부는 영향을 받지 않았다. 〈도표 15-1〉에서 보듯이 16세기 인도에서 이슬람 국가인 무굴 제국이 성립했지만, 인도인들의 힌두교 신앙을 흔들지는 못했다.

무굴 제국의 전신은 몽골 제국이다. 칭기즈칸을 비롯한 몽골인들은 원래 원시적인 자연신을 믿었다(현재는 대부분 티베트불교 신자). 칭기즈칸의 손자 훌라구 칸은 중동에서 일한국을 건국했다. 일한국의 7대 칸인 가잔 칸은 1295년에 즉위하여 이슬람교를 정식 국교로 지정했다.

14세기 말에 이르러 일한국을 비롯한 칭기즈칸 후예들의 국가는 티무르 제국에 흡수·통합되었고 티무르 제국은 이슬람주의를 계승했다. 1507년 티무르 제국이 소멸했을 때, 왕족 바부르는 티무르 제국의 잔존 세력을 이끌고 중앙아시아를 떠나 풍요로운 인도로 남하했다. 1526년에

도표 15-1 _ 인도로 향하는 이슬람화의 물결

	시기	지역	지배 세력
첫 번째	10~16세기	서북 인도	가즈나 왕조~델리 술탄 왕조
두 번째	16~18세기	인도 중앙부	무굴 제국 → 이슬람화 실패

바부루는 북서 인도의 델리 술탄 왕조 시대의 마지막을 장식한 로디 왕조를 쳐들어가 델리를 점령하고 무굴 제국을 세웠다.

무굴 제국의 '무굴'은 '몽골'이 변형된 말이다. 무굴 제국은 몽골인 정권이고 티무르 제국의 왕족 바부르도 몽골인 정권의 후계자였기 때문에 '무굴'이라 불리게 되었다. 무굴 제국은 이슬람교를 신봉했지만, 3대 황제 아크바르는 현지 인도인의 힌두교를 인정하고 인두세를 폐지하는 등 힌두교도와 화합하기 위해 노력했다. 그는 인도의 힌두교 토착 호족을 배척 대상이 아닌 화합의 대상으로 보는 것이 타당하다고 생각했다.

17세기 후반에 군림한 6대 황제 아우랑제브는 힌두교와 토착 호족을 탄압하고 이슬람화 통일을 꾀했으나 실패했다. 그는 힌두교 토착 호족들을 제압해야만 제국의 실체를 확립할 수 있다고 믿었으나, 끝내 자신의 의지를 실현시키지 못했다. 즉 무굴 제국은 실제로는 통일되지 않은 이름뿐인 통일 제국이었다. 중세 이후 힌두교 토착 호족이 각지에 할거하는 분단 상황이 이어졌다.

무굴 제국의 힌두교도의 비중은 현재 인도와 비슷한 약 80%로 추정된다. 인도 역사에서 힌두교도 비율은 언제나 압도적 다수를 유지했다.

중국을 끌어들인 인도와 파키스탄의 전쟁

19세기에 영국의 침략으로 무굴 제국이 붕괴되자 이슬람 세력은 파키스탄과 인도 북동부(방글라데시)에만 남게 되었다. 영국은 힌두교 세력과 이슬람 세력 간에 반목과 대립을 부추겨 양자를 분할·통치하는 방식으로 식민 지배했다.

영국의 책모로 힌두교의 국민
회의파와 이슬람의 전인도무슬림
연맹의 정치적 대립은 점차 심화
되었고, 마침내 화합 불능 상태에
빠지게 되었다. 1947년 영국의 애
틀리 내각의 영국 의회가 인도 독
립법을 통과시켜 인도와 파키스
탄이 분리 독립하게 되었다.

간디는 분리 독립에 강력히 반
대했으나 양측은 타협의 여지가

무하마드 알리 진나 파키스탄 건국의 아버지다. 파키스탄인은
힌두교를 신봉하는 인도인과는 다른 민족이기 때문에 이들과
별개의 독립 국가를 확립해야 한다는 '이민족론'을 주창했다.

없었다. 인도 총리에는 네루가 선출되었고, 파키스탄 총독에는 진나가
선출되었다. 간디는 이슬람 세력과 대화를 시도하였으나, 힌두교도들은
화합을 지향하는 간디의 자세를 배신으로 받아들였다. 1948년, 결국 간
디는 힌두교 광신도 청년에게 암살당했다.

영국은 카슈미르 국경 지대의 귀속 문제 등을 해결하지 않고 문제를
반 포기하는 형식으로, 양국의 독립을 승인했다. 그 때문에 인도·파키
스탄 전쟁이 일어나 지금까지도 사실상 교전 상태에 놓여 있다. 인도가
1974년에 핵을 보유하자 파키스탄도 이에 맞서 1998년 핵을 보유했다.

인도는 원래 중국과 우호적인 관계였다. 그러나 1959년 티베트가 중
국에 반란(티베트 독립운동)을 일으켰을 때 네루 총리가 티베트를 지지하

고 달라이 라마의 망명을 받아들이면서 관계가 악화되었다. 그 여파로 1962년에 중국과 인도의 국경 분쟁이 발생했다.

이후 중국은 인도를 견제하기 위해 파키스탄을 지원했다. 궁지에 몰린 네루는 미국에 지원을 요청했고, 이로써 인도·파키스탄 전쟁의 구도가 복잡한 양상을 띠게 되었다. 최근 중국은 경제권 구상인 일대일로의 핵심으로 '중국·파키스탄 경제 회랑'을 내세우며 파키스탄과의 연대를 더욱 강화하고 있다.

펀자브주의 시크교와 스리랑카 내전

인도 정부는 시크교 세력과 항쟁했다. 초대 총리 네루의 딸이자 1966년 총리에 오른 인디라 간디는 인도·파키스탄 전쟁 당시, 전시 체제를 이유로 강압적인 정치 행보를 보였다. 그녀는 자치를 요구한 펀자브주 시크교도들을 무력으로 탄압하다 1984년 암살당했다.

인도 정부가 시크교도에 대한 탄압을 더욱 강화하자, 그들도 인도 항공기를 폭파하는 등 한층 과격한 테러로 보복했다. 1990년대 초 이후 양측은 대화를 통해 갈등을 풀었지만, 근본적인 해결에 이르지는 못했다. 파키스탄이 배후에서 시크교 세력을 지원하고 있다고도 볼 수 있다.

인디라 간디가 암살당한 후 그의 아들 라지브 간디가 총리 자리에 올랐다. 라지브는 1987년 스리랑카 내전에 개입하여 군사를 파견했다.

스리랑카에서는 인도 아리아계 불교도인 신할리즈족(싱할라족)과 드라비다계(인도 원주민) 힌두교도인 타밀족이 민족적·종교적으로 팽팽하게

도표 15-2 _ 스리랑카 내전의 구도

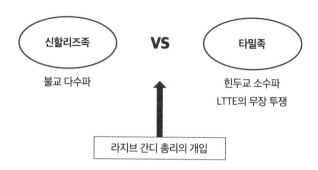

대립하고 있었다. 다수파(약 70%) 신할리즈족에게 소수파(약 20%) 타밀족
이 분리 독립을 요구했고 '타밀엘람해방호랑이(LTTE)'가 무장투쟁을 개
시하면서 1983년 내전이 발발했다. 라지브는 신할리즈족과 LTTE의 중
개에 나섰으나 사태가 진정되지 않았고, 그 상태에서 1990년 인도군을
철수시켰다. 1991년 선거전을 치르던 라지브는 그를 배신자로 여긴 타밀
족 광신도에게 암살당했다. 2009년 LTTE가 스리랑카 정부군에 의해 진
압되면서 내전은 종식되었다.

이후 스리랑카는 눈부신 경제 성장을 이루며 재기 중이다. 그렇다고
신할리즈족과 타밀족의 대립이 근본적으로 해소된 것은 아니다.

방글라데시가 이슬람교 국가인 이유

1971년 인도는 파키스탄 자치령인 동파키스탄이 방글라데시로 분리 독립하는 것을 지원했다. 방글라데시의 면적은 한국의 약 1.5배에 불과하지만, 인구는 약 1억 5,000만 명으로 수도 다카의 인구 밀도는 세계 최고 수준이다.

갠지스 강 하류의 벵골 지방 사람들은 대부분 이슬람교도였다. 1947년 인도와 파키스탄이 분리 독립했을 때, 이 지역 이슬람교도들은 힌두 국가인 인도와 통합하기를 거부하며 파키스탄 정부 측에 참여했다. 그리

도표 15-3 _ 파키스탄과 방글라데시

고 파키스탄 본토에서 떨어진 자치령이 되었다. 그러나 벵골족(동파키스탄인)은 서파키스탄과 민족과 언어가 다르고 영토도 떨어져 있었기 때문에 파키스탄에서 분리 독립하기를 원했다. 파키스탄을 약체로 만들 절호의 기회로 여긴 인도는 벵골족의 분리 독립을 지원하여 방글라데시를 성립시켰다.

벵골이 이슬람을 수용한 것은 14세기이다. 이 시기 성립한 벵골 술탄 왕조는 서북 인도 델리 술탄 왕조의 분파로서, 힌두 토착 호족을 배척하고 이슬람화를 추진했다. 이 왕조는 16세기, 무굴 제국 아크바르에게 멸망당했다. 현재 방글라데시의 이슬람교도는 전체 인구의 약 90%이다. 이는 벵골 술탄 왕조와 무굴 제국의 이슬람주의를 역사적으로 계승한 것이라 볼 수 있다.

Chapter 16

믈라카 해협 교역 이권을 노린 이슬람교 세력

g지역 : 재파생
말레이시아·인도네시아의 이슬람교

이슬람주의로 중국 자본에 대항하다

인도네시아와 말레이시아는 이슬람교 국가이다. 인도네시아는 전체 인구의 약 90%, 말레이시아는 60% 이상이 이슬람교도이다. 인도네시아는 자카르타 등 도시 젊은이들을 중심으로 열성 이슬람교 신도가 증가하고 있다. 적막한 도시 생활에 대한 반동으로 이슬람교에서 마음의 안식을 구하는 것이다.

2016년 2월 12일 이슬람 강경파는 '212 운동'이라는 이슬람주의 복권 시위를 벌였다. 212 운동의 주동자들은 비이슬람, 특히 중국계가 경제를 좌지우지하는 것에 크게 반발했다. 인도네시아는 인구 대부분이 이슬람교도임에도 중국계 기업의 매출이 시장을 장악하고 있다. 여기에 불만을 품은 빈곤층은 비이슬람교도에게서 인도네시아 경제를 되찾고 중국계 자본을 몰아내려 했다.

212 운동 참가자들은 인도네시아 각지에 '212 마트'라는 슈퍼마켓을 만들어 이슬람교도가 생산한 상품을 우선적으로 진열하고 이슬람교 교리에 어긋나는 술, 고기 등을 판매하지 않는다. 중국계 상점에서 파는 물건을 사지 않게 하기 위해서다. 212 운동은 지금도 순조롭게 확산되고 있다.

말레이시아에서도 이슬람주의 복권 운동이 한창이다. 이슬람주의를 주장하는 말레이시아의 2대 야당, 통일말레이국민조직(UMNO)과 전말레이시아이슬람당(PAS)은 연합을 결성해 정권 교체를 노리고 있다. 중국계 자본에 타협적인 마하티르 정권에서는 말레이계 주민 우대(부미푸트라) 정책이 추진되기 어렵다는 것이 그들의 입장이다.

인도네시아와 말레이시아는 이슬람주의 복권 운동을 통해 중국계에 빼앗긴 경제를 되찾으려는 중이다. 쉽게 말해 계급 및 경제 투쟁에 종교를 효과적으로 이용하고 있는 것이다. 불교 국가인 캄보디아와 미얀마가 중국 자본에 대항할 세력을 구축하지 못해 사실상 중국에 경제 침략을 당한 반면, 인도네시아와 말레이시아는 이슬람교로 단결하여 대항하고 있다.

동남아시아로 진출한 이슬람 세력

원래 인도네시아와 말레이시아는 불교 국가였다. 14세기 수마트라섬의 스리위자야 왕국이 소멸하고 믈라카로 진출한 이슬람 상인들은 인도 및 중동 이슬람권과 중국의 명 왕조를 중계무역으로 연결하여 막대한 부를 축적했다. 이들은 중동과 인도에서 온 아랍계, 이란계, 튀르크계 사람들로서 현지인을 포섭하여 이슬람교 세력을 형성했다. 또한 조선술과 항해술의 발달에 힘입어 활발하게 해양으로 진출하기도 했다. 이슬람교 세력은 교역 이권을 독점하기 위해 교통 요충지인 믈라카 해협을 노렸다.

중세 이후부터 불교 국가로 번영한 스리위자야 왕국은 태국 아유타야 왕국에 공격당해 말레이반도로 이주했다. 그곳에서 이슬람교 세력에 의지한 스리위자야 왕족들은 종교를 이슬람교로 개종하게 되었다. 그리고 1402년 말레이반도에서 새롭게 믈라카 왕국을 건국했다.

'믈라카'라는 지명의 어원은 나무 이름이다. 수마트라를 벗어나 말레이반도로 피난한 스리위자야 왕족이 현지인에게 이 땅의 이름을 묻자, 옆에 있던 나무를 말하는 줄 알고 '믈라카(등대풀과 여우주머니속 낙엽교목)'라고 답한 것이다. 믈라카 왕국은 동남아시아 최초의 이슬람 국가이다. 이슬람교를 중심으로 결속하여 불교 국가 아유타야 왕조에 대항한 전략은 매우 효과적이었다.

당시 아랍인 항해자들의 기록에 따르면 그들은 이슬람교 계율을 거의 의식하지 않고 음주 및 육식을 했다고 한다. 지배층과 상인들은 이슬람교를 신봉했으나 대중에게 깊게 침투하지는 않았고, 정치·전략적 성

도표 16-1 _ 동남아시아 도서부의 왕조들

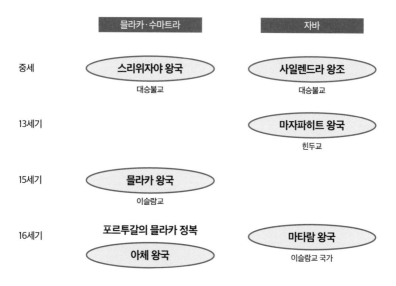

격도 있어서 믿음이 깊지는 않았다. 지금도 말레이시아와 인도네시아의 이슬람교도는 대부분 공공연하게 음주를 즐긴다.

믈라카 해협에서 순다 해협으로

믈라카 왕국 성립 후 이슬람 상업권이 확대되자 말레이시아 외에 인도네시아, 브루나이, 필리핀 남부 등 동남아시아 도서부까지 이슬람의 물결이 일어났다. 16세기 후반 자바섬에서는 힌두교국인 마자파히트 왕국이 멸망하고 이슬람교국 마타람 왕국이 건국되있다.

14세기에서 16세기, 이슬람 세력은 전 세계로 뻗어나갔고 티무르 제

도표 16-2 _ 16세기 후반 믈라카 해협 우회 루트

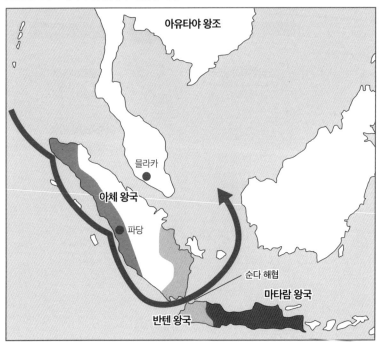

국, 오스만 제국, 맘루크 왕조, 무굴 제국 등 강력한 이슬람 국가들이 번
영을 누렸다. 모로코의 위대한 여행가 이븐 바투타(1304~1368년)가 전 세
계를 여행한 것도 이 시기였다. 이슬람교 세력이 바다 너머 믈라카 해협
에 도달한 것은 시대의 자연스러운 흐름이었다.

말레이시아의 믈라카 왕국은 15세기 후반까지 전성기를 누리다가, 16
세기 이후 대항해시대를 맞이한 유럽 세력들이 이 지역에 진출하면서
쇠퇴했다. 1511년 포르투갈인은 압도적인 화력을 내세워 믈라카를 점령

해 왕국을 멸망시켰다. 포르투갈이 믈라카 해협을 장악하자 이슬람 상인들과 믈라카 왕국의 잔존 세력은 수마트라섬으로 건너갔다. 그리고 섬 서쪽 연안에 항구를 만들어 믈라카 해협을 경유하지 않는 새로운 교역 루트를 구축했다. 이러한 루트의 개발은 수마트라섬의 아체 왕국과 반텐 왕국의 발전을 가져왔다. 이슬람교 세력들은 사력을 다해 포르투갈에 대항했다.

수마트라섬 서쪽 연안 루트 개척으로 순다 해협이 요지로 부상하고 자바섬에 부가 집중되는 가운데, 16세기 후반 이슬림교국 마타람 왕국이 탄생했다. 하지만 17세기 이후 네덜란드가 진출하여 믈라카, 수마트라, 자바 등의 지역 전체를 식민지로 만들었다.

제 3 부

유럽
종교개혁에 의한 근대국가의 탄생

제 3 부 **유럽**

종교개혁에 의한 근대국가의 탄생

Chapter 17

내 목소리가 곧
베드로의 음성이니라

핵심 지역 = 유럽 중부
가톨릭의 권위주의 체제

로마 가톨릭교회를 뒤흔든 스캔들

2013년 취임한 프란치스코 교황은 그동안 은폐되었던 교회 스캔들을 파고들었다. 교황은 조사로 부정을 바로잡으려 했다. 로마 가톨릭교회 성직자들의 성 학대가 수만 건이나 발각되어 전 세계 13억 명의 가톨릭 신자를 충격으로 몰아넣었다. 성 학대는 교회와 교회가 운영하는 학교에서 일어났고 피해자는 대부분 미성년 남자아이였다. 가톨릭 신부와 주교, 추기경 등 성직자 전 계층이 성 학대에 연루되었으나 교회는 사건을 은폐한 것으로 알려졌다.

남자아이를 겨냥한 이유나 성직자들의 동성애 성향의 원인에 대해서는 확실히 밝혀진 바가 없다. 남자들만의 신학교 교육에 문제가 있는 것인지, 아동 성애자 중에 유독 성직자의 길을 택한 사람이 많은 것인지 이유는 알 수 없다. 어쨌든 성직자는 독신이어야 하고 성관계를 맺는 것이 금지되어 있다.

가톨릭은 자신의 죄를 성직자에게 털어놓는 '고해성사'라는 종교 문화가 있다. 이 고해성사에서 성직자가 신도에게 정신적 접근을 시도하다 성 학대에 이른다고 한다. 성직자의 성 학대 문제는 그동안 은폐되어 있었다. 그러다가 부정을 용인하면 안 된다고 생각한 프란치스코 교황의 신념에 따라 문제를 추궁하고 있는 것이다.

'가톨릭'은 그리스어로 '보편성'을 뜻하는 단어에서 온 말이다. 로마 교회가 이단과 분파에 대해 정통성을 주장하는 말로 사용하면서, 로마 교회는 '로마 가톨릭'으로 불리게 되었다. 특히 동방의 콘스탄티노플 교회와 맹렬하게 대립하던 8세기 이후, 자신들을 동방의 이단자들과 구분하는 표현으로 처음 '가톨릭'이라는 말을 사용했다. 교황은 그리스도의 12사도 중 한 명인 베드로의 후계자이다. 예수가 죽은 후 베드로가 로마에 와서 이 땅에 교회를 세웠다.

당초 로마 교회는 로마 제국의 박해 속에서도 신도들의 보호를 받으며 발전했다. 4세기 로마 제국이 기독교를 공인한 이후 로마 교회의 지위가 확립되었고, 주좌인 교황의 지위도 인정되었다. 교황은 사도 베드로의 직속 후계자로서 기독교 세계의 지도자가 되었다.

도표 17-1 _ 기독교 분파

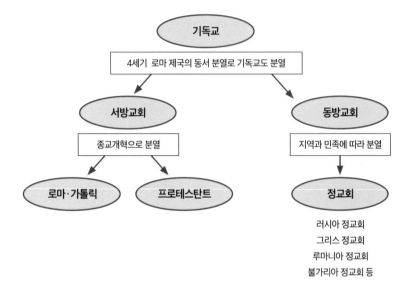

5세기 중엽 교황 레오 1세는 "내 목소리가 곧 베드로의 음성이니라"라며 예수와 사도의 대리인임을 자인했다. 교황의 자리는 대대로 이어져 내려오고 있으며 현재의 프란치스코 교황은 266대 교황이다. 프란치스코 교황은 이탈리아계 아르헨티나인이다. 교황은 주로 이탈리아인 중에서 선출되었는데, 최근에는 요한 바오로 2세(재위 1978~2005년, 폴란드)와 베네딕토 16세(재위 2005~2013년, 독일)처럼 타국 출신도 선출되고 있다.

교황은 각지의 가톨릭교회를 대표하는 추기경(카디널)들이 '콘클라베('열쇠로 잠긴'이라는 뜻의 라틴어)'라는 선출회에 모여 외부와 격리된 채 교황을 선출한다. 따라서 교황위는 세습되지 않으며, 교황의 임기는 원칙적으로 종신제이다.

　교황의 권력이 절정에 달한 13세기, 인노켄티우스 3세는 "교황은 태양, 황제는 달"이라는 말로 교황의 절대 권력을 표현했다. 그 시대의 황제나 왕은 교황에게 종속되어 있었기 때문이다. 이와 관련하여 교황을 거역한 신성로마제국 황제가 교황 앞에 무릎을 꿇고 용서를 구한 '카노사의 굴욕'이라는 사건도 있었다. '태양과 달' 비유는 가톨릭교회의 권위와 권력의 서열을 가장 잘 나타내는 말이다.

교회와 성직자의 권력의 원천은?

중세 유럽, 교황과 성직자는 종교 세계뿐만 아니라 세속 세계에 대한 지배권도 있었다. 그들은 유럽 각지에서 징세권을 장악했고 지방 정치를 총괄했으며 군대를 통제했다.

　성직자가 이처럼 세속적인 힘을 갖게 된 것은 신뢰가 있었기 때문이다. 신을 절대적 존재로 여기던 중세시대에는 신의 권위를 등에 업은 성직자의 판단이 모든 것을 결정했다. 어떤 분야든 성직자의 판단이 요구되었고, 성직자가 인정한 것만 정당성을 부여 받았으며, 그것을 중심으로 일이 진행되었다.

　중세시대는 인간의 예지보다 신의 예지가 우선시됐으며 신학적 해석은 법, 정치제도, 상관습 등 전 분야에 큰 영향을 미쳤다. 신학의 해석이 종교에 머물지 않고 신정법으로서 세속법에 직접 반영되었다. 예를 들어 민사 분쟁으로 재판이 열렸을 때, 성경의 내용을 참고하여 법을 해석하

『**십자군의 콘스탄티노플 함락**』(외젠 들라크루아 그림, 1840년, 루브르미술관 소장) 제4회 십자군은 성지 예루살렘으로 가지 않고 같은 기독교국인 동로마제국(비잔틴 제국)의 콘스탄티노플(현 이스탄불)로 쳐들어가 약탈을 일삼았다.

는 식이었다. 즉 성직자나 신학자는 법을 관장하는 판사이기도 했던 것이다. 근대 유럽의 법률은 중세시대의 신정법을 토대로 만들어졌다. 따라서 유럽의 근대 법률은 민법, 형법, 상법에 이르기까지, 특히 형벌처럼 윤리규범이 필요한 부분은 기독교 윤리 기준이 구석구석 반영되어 있다.

가톨릭의 최고지도자인 교황은 세속에 더욱 깊이 개입했고, 11세기에는 유럽 각지의 유력자들을 거느리며 독재 권력을 확립했다. 또한 교황은 십자군을 편성하여 군사권도 장악했다. 십자군은 동유럽으로 침입한 이슬람교국 셀주크 왕조를 물리치는 데 성공했다.

13세기 초에는 비잔틴 제국에 압력을 넣어 동유럽까지 지배력을 넓혔다. 십자군 지도자로서 교황의 권력은 인노켄티우스 3세 때 절정을 맞이한다. 유럽에는 교황과 황제라는 두 가지 권력이 있었는데, 일반적으로 황제는 세속 세계의 지도자, 교황은 종교 세계의 지도자로 해석된다. 그러나 이 시대의 교황은 세속 세계까지 지배하며 황제를 굴복시켰다.

중세 유럽에 중앙집권 국가가 생기지 않은 이유

교황이라는 종교 권위자와 그의 입김에 좌우되는 성직자 및 지방 호족(제후)이 지배 계층을 형성하여 유럽 전역에 확산되었다. 중세 유럽은 기독교 중심의 연합이나 종교 조직에 대한 귀속의식은 강한 반면, 국가의 존재 및 그에 대한 귀속의식은 희박했다. 종교가 국가와 민족을 초월한 연대의식의 축을 담당한 것이다. 프랑스 국왕, 영국 국왕, 독일 황제 같은 중세시대의 국가 군주는 허울뿐인 존재였다.

교황은 막강한 권력을 가졌다. 그리고 지방 성직자와 호족에게는 지방 정치를 위임하여 지방분권적이고 원만한 교황 연합체를 형성했다. 중앙집권적인 '국가' 개념 없이, 지방마다 각자의 방식으로 통치하게 했다.

이 원만한 분권 체제 속에서 중세 도시가 성장했다. 도시는 상공업을 중심으로 한층 발전하며 시장을 형성했다. 시장에서 화폐와 물품이 오가며 유통 경제가 확산되자, 유럽 경제 전체에 부양 효과가 나타나기 시작했다. 12세기 유럽은 전례 없는 호황을 누리며 유럽 곳곳에 상업 도시를 형성했다.

상업 도시의 경제 발전으로 상인 간의 거래 활동이 증가하자 상거래를 위한 법체계와 환경, 기반 시설을 정비할 체계적인 행정기관이 필요해졌다. 그리고 앞서 언급했듯이 교회가 신학을 토대로 법을 제정했고, 성직자가 법관이 되어 법을 다스렸다. 즉 교회가 지방 행정권과 징세권을 장악하고 행정 기능과 질서 유지의 축을 담당한 것이다. 교회를 중심으로 도시가 형성되는 것은 자연스러운 현상이었다.

12~14세기에는 눈부신 건축 기술의 발달로 탑을 높이 쌓아올리는 방식의 건축이 가능해졌다. 교회 건축은 첨탑이 돋보이는 고딕 양식이 주류를 이루었고, 이것이 유럽 전체에 보급되면서 교회 건축이 활발하게 진행되었다. 고딕(gothic)은 '고트족의'라는 뜻이며 고트족은 게르만인을 가리킨다. 중세 초기에는 이탈리아인의 고대 로마네스크 양식이 유행한 반면, 중세 후기에는 독일과 프랑스 등지에서 게르만 문화를 반영한 고딕 양식이 유행했다.

건물을 지탱하는 기술력도 향상되어 중세 초기에는 불가능했던 넓은 창문(스테인드글라스)을 벽면에 설치할 수 있게 되었다. 프랑스의 아미앵 대성당, 샤르트르 대성당, 노트르담 대성당, 독일의 쾰른 대성당, 영국의 캔터베리 대성당, 이탈리아의 밀라노 대성당 같은 대표적인 고딕 건축물들이 이 시대에 만들어졌다.

경기 부양과 함께 교회의 세수도 늘어났다. 교회는 잉여 자본을 궁핍한 농촌에 재분배하기 위해 교회 건설이라는 공공사업을 이용했다. 농촌 사람들을 교회 건설에 투입하여 돈과 물건을 분배한 것이다.

교황을 비롯한 교회 세력은 지방을 구로 세분화하여 구석구석 지배권을 행사하려 했다. 이렇게 구분된 행정구가 바로 '교구'이다. 그들은 하나의 교구당 하나의 교회를 건설하여 지방 행정을 관할했다. 그래서 유럽은 작은 마을에도 교회가 있다.

보니파키우스 8세의 실체

14세기 십자군의 실패로 교황의 권력이 쇠퇴한 대신 인간 세상의 대표인 왕이 힘을 얻기 시작했다. 교황을 따르던 각지의 제후와 도시의 상업 세력들은 교황으로부터 멀어졌다. 프랑스의 왕 필리프 4세도 국내 가톨릭교회를 지배하기 위해 교회에 과세를 시도하다, 당시 교황 보니파키우스 8세와 대립하게 된다.

필리프 4세는 1302년 삼부회를 소집한다. 삼부회는 성직자, 귀족, 평민 대표로 구성된 신분제 의회이다. 필리프 4세는 여기에서 제후들의 토지소유권을 인정하는 대신, 자신에 대한 지지를 요구했다. 삼부회에서 제후들의 지지를 확보한 필리프 4세는 교황 보니파키우스 8세를 로마 동부 외곽의 아나니에서 붙잡아 유폐한다. 이른바 '아나니 사건'이다. 이 사건으로 교황은 굴욕을 당하고 정신적 타격을 입어 사망한다.

보니파키우스 8세는 세속적 욕망이 가득한 인물이었다. 단테는 그를 '지옥에 빠진 교황'이라고 혹평했다. 보니파키우스 8세는 화려함을 추구하며 늘 요란하게 보석을 걸쳤고 도박 중독 성향이 있어서 밤마다 교황청을 카지노로 만들었다. 또한 교황청에 수시로 고급 매춘부를 불러들일 만큼 지독한 호색한이었다.

그런가 하면 교회법에 정통했다. 보니파키우스 8세는 젊은 시절부터 학식이 두드러져 추기경 시절에 교황의 신뢰를 한 몸에 받았다. 교황에 선출된 후에는 바티칸의 공문서 보관고를 개조해 장서 목록을 만들도록 지시했다. 또한 로마 대학을 창설했으며 조토 등의 예술가를 후원하며 보호했다.

합리주의자였던 보니파키우스 8세는 교황임에도 신앙심이 없었다. "예수 그리스도는 자신의 몸조차 구원하지 못한 남자다. 그런 이가 남을 위해 무엇을 하겠느냐"라는 말을 거침없이 내뱉을 정도였다. 교황은 추기경들끼리 뽑는 선거(콘클라베)로 선출된다. 그러다 보니 추기경들을 돈으로 매수할 수 있는 사람이 교황으로 뽑히는 구조가 되었다. 보니파키우스 8세가 아니라도, 권력 투쟁에 능한 자가 교황 자리를 얻는 금권 정치가 만연했다.

이러한 부패가 일상화되자 신실한 신도들은 가톨릭 최고지도자인 교황에게 의심의 눈초리를 보냈고, 교황은 권위를 잃게 되었다. 이에 프랑스의 필리프 4세가 이 기회를 놓치지 않고 아나니 사건을 일으킨 것

보니파키우스 8세 동상(볼로냐 시립 중세미술관) 그의 이름은 '분사'라는 말과 함께 역사에 남았다. 원래 신장이 안 좋았는데 지나친 분노를 몸이 이기지 못해 죽은 것으로 보인다.

이다. 보니파키우스가 분에 못
이겨 죽었다는 소식은 사람들의
실소를 자아냈다. 보니파키우스
8세가 프랑스로 연행됐다면 대
중도 사태를 심각하게 받아들
이며 프랑스 왕을 비판했을지도
모른다. 프랑스 왕 입장에서는
교황이 분에 못 이겨 죽었다는
결말이 신의 한 수였던 셈이다.

보니파키우스 8세가 죽은 후
필리프 4세는 풍부한 자금으로
추기경들을 매수해 프랑스 추기

시에나의 성녀 카타리나(조반니 바티스타 티에폴로 그림, 1746년경, 빈미
술사박물관 소장) 도미니코회의 수녀 카타리나 베닌카사이다. 그리
스도와 같은 성흔이 나타난 인물로 알려져 있다. 1376년 아비뇽
의 교황 클레멘스 11세를 찾아가 로마 귀환을 요청했다. 로마 가
톨릭은 이 같은 성녀와 성전(聖傳)이 필요할 만큼 빈곤했다.

경 베르트랑을 교황 자리에 앉혔다. 1308년에 베르트랑이 교황 클레멘
스 5세가 된 후, 교황청은 로마에서 남프랑스의 아비뇽으로 옮겨진다. 이
후 1377년까지 아비뇽의 교황은 대대로 프랑스인의 차지가 되었고, 프랑
스 왕이 교황을 지배하게 된다. 이것을 '아비뇽 유수'라고 한다.

1377년 교황 그레고리우스 11세는 영국과 프랑스의 백년전쟁으로 혼
란스러워진 프랑스를 떠나 로마로 귀환한다. 하지만 이듬해 그레고리우
스 11세가 서거하자 프랑스인들은 로마 교황청과 별개로 독자적인 교황
을 수립했다. 이후 '교회 대분열(시스마)' 상태가 37년간 지속되었고, 교황
권은 땅에 떨어진다.

프랑스 왕과 프랑스 제후에 이어 16세기에는 독일 제후도 로마 가톨릭에 반기를 든다. 독일 제후들은 가톨릭의 권위 자체를 부정하고 격렬하게 대립하며 가톨릭의 지배를 철저히 파괴했다.

Chapter 18

종교개혁이라는
추악한 이권 투쟁

a지역 : 내분
독일의 루터파

교황의 빚과 푸거 가문

옛날 성직자들은 "면죄부를 사고 헌금함에 동전을 넣으면 땡그랑 소리
가 나는 순간 영혼이 천국으로 올라간다"라고 설교했다. 인간은 누구나
죄를 짓는다. 가톨릭은 그 죄에 합당한 대가를 치러야 한다고 가르쳤는
데, 면죄부를 팔아 한 몫 챙기려는 계획이었다.

16세기에 독일에서 판매한 면죄부의 가격은 제후는 금화 25닢, 귀족
은 금화 10닢, 고급 관리는 금화 10닢, 상류층은 6닢, 그 외 서민은 1닢
미만이었다.

면죄부는 원래 이슬람으로부터 성지를 탈환하기 위해 조직된 십자군 지원자들을 위한 것이었다. 피치 못할 사정으로 지원하지 못하는 사람은 교회에 돈을 내고 면죄부를 샀다. 이후에는 교회가 추진하는 공공사업의 자금을 조달하기 위해 종종 면죄부가 판매되었다.

레오 10세(라파엘로 산치오 그림, 1519년, 우피치미술관 소장) 피렌체 황금시대를 이끈 로렌초 데 메디치의 차남 조반니 데 메디치이다. 조반니는 돈으로 교황직을 사서 교황 레오 10세가 되었다. 사치와 호색을 즐긴 것으로 유명한데, "신은 내게 교황직을 주셨다. 신나게 즐기자꾸나"라는 말을 남겼다.

로마 시내에 있는 교황의 공저 바티칸 구 안에 가톨릭 총본산인 성 베드로 대성당이 있다. 16세기 초, 성 베드로 대성당은 대규모 개축 공사 때문에 자금난에 허덕였는데, 교황 레오 10세는 자금 융통을 위해 독일의 금융 재벌 푸거 가문에게 돈을 빌렸다. 사치스러웠던 그는 개인적으로도 푸거 가문에 막대한 빚을 졌다. 푸거 가문은 레오 10세에게 빌려준 돈을 회수하기 위해 한 가지 계획을 세웠다.

독일의 유력 제후 알브레히트 폰 브란덴부르크라는 인물이 있었다. 그는 독일 교회에서 가장 세력이 큰 마인츠 대주교 자리를 넘보고 있었다. 알브레히트 일족은 독일 동북부를 소유한 호엔촐레른이라는 귀족 가문이었고, 그의 형은 브란덴부르크 선제후였다. 이 호엔촐레른 가문이

훗날 프로이센 왕국을 세우고 독일 통일을 주도했다. 이 지역은 조직적인 개간으로 농산물을 수출하여 막대한 이익을 올렸다.

이러한 이유로 알브레히트를 견제한 푸거 가문은 레오 10세에게 마인츠 대주교 자리를 그에게 팔라고 설득한다. 빚을 변제할 길이 없었던 레오 10세는 이에 응하게 된다. 매매대금은 로마 교황청의 1년 치 예산에 맞먹는 금액이었다고 한다.

면죄부 판매책이었던 도미니코회 요한 테첼

아무리 유력 제후라 해도 젊은 알브레히트가 마인츠 대주교 자리를 살만큼 많은 돈을 쓸 수는 없었다. 이에 푸거 가문은 알브레히트에게 면죄부 판매를 제안한다. 하지만 알브레히트가 직접 면죄부를 판매한다 해도 많은 사람이 구매하지 않으면 이익이 나지 않을 터였다. 이에 푸거 가문은 뛰어난 판매책을 데려왔다. 바로 도니니코회의 수도사 요한 테첼이었다.

면죄부 판매를 위해 거리 연설에 나선 테첼은 뛰어난 언변으로 금세 사람들을 불러 모았다. 서두에 "면죄부를 사고 헌금함에 동전을 넣으면 땡그랑 소리가 나는 순간 영혼이 천국으로 올라간다"라고 말한 사람이 바로 테첼이다. 알브레히트는 테첼이 소속된 도미니코회에 면죄부 판매 독점권을 주었다. 푸거 가문이 설계한 자금의 흐름에 따라 푸거 가문은 레오 10세에게 빌려준 돈과 이자를 돌려받을 수 있었고, 알브레히트는 마그데부르크 대주교와 마인츠 대주교를 겸하다 1518년 추기경이 되어

면죄부를 파는 요한 테첼(프란츠 요한 다니엘 레브레흐트 비그너 그림, 19세기) 그의 연설은 면죄부 판매가 금지된 작센에서도 찾아올 만큼 엄청난 인기를 끌었다. 면죄부 매출 중 일부는 수수료 명목으로 테첼이 소속된 도미니코회로 들어갔다.

도표 18-1 _ 푸거 가문의 면죄부 사업

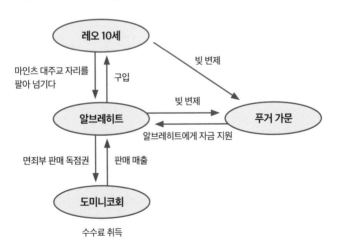

독일 가톨릭교회를 지배하게 되었다.

그런데 사람들은 왜 순진하게 면죄부를 샀을까? 그 당시 유럽은 흑사병의 유행으로 병마에 대한 두려움이 극에 달해 있었다. 교회는 선행을 베풀면 신의 가호를 받지만, 죄를 지으면 지옥의 고통을 맛보게 된다고 설교하며 공포심을 이용한 집단 최면을 걸었다. 전부는 아니지만 유럽인의 상당수가 이 미신을 믿었다. 그들은 푸거 가문이 설계한 자금 계획의 '속사정'은 전혀 알지 못했다.

루터는 왜 독일 제후에게 이용당했는가

이러한 면죄부 소동에 정면으로 비판의 소리를 낸 사람이 있었다. 성 아우구스티노 수도회원이자 비텐베르크대학교 교수 마르틴 루터였다. 그는 1517년 「95개조 반박문」이라는 의견서를 대학 교회 대문에 붙여 믿음의 본질에 대한 질문을 던졌다. 이후 루터의 발언은 점점 과격해졌고, 1519년 라이프치히 논쟁에서는 교황의 권위를 부정하기에 이른다.

루터의 「95개조 반박문」은 그 당시에 발명된 인쇄술 덕분에 대량으로 인쇄되어 유럽 전역으로 퍼져나갔다. 그리고 그의 지지자는 금세 불어났다. 대부분은 교황과 기득권층에 불만을 품은 사람들이었다. 그들은 로마 가톨릭에 항의(프로테스트)하는 사람들이라 하여 프로테스탄트라 불렸다. 이후 로마 가톨릭은 구교, 프로테스탄트는 신교라 칭하게 되었다. 프로테스탄트는 교황과 로마 가톨릭의 금권주의를 비판했고, 가톨릭의 지배에서 벗어나 기독교의 새 시대를 만들고자 했다. 프로테스탄트의 쇄

신 운동을 '종교개혁'이라고 한다.

그러자 작센 선제후를 비롯한 독일 제후들이 루터의 로마 가톨릭 비판을 이용했다. 독일 제후는 루터 측에 정치적인 힘을 실으며 부패가 만연한 교회 세력을 비판했다. 반면 호엔촐레른 가문의 알브레히트 등 일부 제후는 로마 가톨릭과 유착 관계에 있었기 때문에 교회 비판에 반대했다.

가톨릭교회 세력은 중세 이후 줄곧 독일 제후들의 영내에 토지를 보유하며 독립권을 유지했다. 독일 제후들도 교회 소유의 광활한 땅은 손을 대지 못했다. 제후의 영토에 통제할 수 없는 교회의 지배권이 있어 서로 이해관계가 부딪히고 있었던 것이다. 그런 상황에서 루터의 교회 비판은 제후들에게 이용 가치가 매우 컸다. 독일의 종교개혁은 종교 신념을 관철하기 위한 운동이 아니라 제후와 교회의 이권투쟁을 위해 추진된 운동이었다.

로마 가톨릭과 결별하는 독일

루터파 제후와 교회의 대립은 황제의 개입으로 더욱 악화되었다. 당시 황제는 합스부르크 가문의 카를 5세였다. 중세 이래 독일의 국명은 '신성로마제국'이었다. 독일 국왕은 9세기에 서로마제국을 부활시킨 카를 대제의 후손으로서, 선대의 뜻에 따라 서로마제국을 다시 부활시키고자 이 같은 명칭을 사용했다.

카를 5세는 '신성로마제국'이라는 이름에 부끄럽지 않은 대제국을 꿈

도표 18-2 _ 황제와 제후의 대립

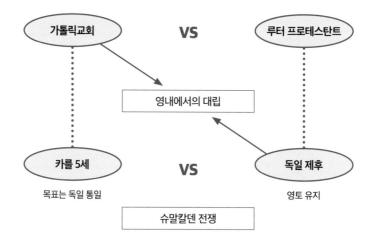

꿨다. 그래서 먼저 독일을 통일하려고 했다. 통일을 위해 지방에 할거하는 제후들을 제거해야 했던 그는 독일 가톨릭교회와 손잡고 독일 제후들에게 압력을 가했다.

1546년, 독일에서 카를 5세와 루터파 제후 사이에 슈말칼덴 전쟁이 벌어졌다. 가톨릭교회와 대립하던 독일 제후는 루터를 등에 업고 프로테스탄트 신앙의 이념을 내세우며 가톨릭교회의 부패를 바로잡는다는 종교적 사명감을 연출했다. 결국 카를 5세는 제후들의 거센 저항 앞에 무릎을 꿇었다.

1555년에 카를 5세와 루터파 제후들은 아우크스부르크 화의를 맺었다. 실상은 카를 5세와 가톨릭교회의 패배를 결정짓는 내용이었다. 화의 조문에는 "영방(領邦) 교회 체제를 승인한다"라는 구절이 있었는데, 즉 루터파 제후 영토에서 가톨릭교회의 운영을 금지하여 사실상 가톨릭교회의 영토와 재산을 몰수한다는 의미였다. 제후들은 이를 '신앙의 승리'로 포장했지만 실제로는 영토 쟁탈전에 불과했다.

이렇게 독일은 남부 지역을 제외한 전 영토가 가톨릭교회의 지배권에서 벗어났고 프로테스탄트로서 가톨릭 세력과 대립하게 되었다. 자신의 영내에서 독재권을 확립한 루터파 제후들은 서서히 지방 행정을 장악했다. 반면 독일 통일에 실패한 황제는 권위를 잃었다. 그 후로도 독일은 300년 이상 분열 상태가 지속되어 중앙집권화를 추진한 이웃 나라 프랑스에 비해 크게 뒤처지게 된다.

루터는 정의감에 사로잡힌 고집불통에 불과했다. 그러나 그가 일으킨 종교개혁 운동은 이권을 지키려는 제후들에게 이용되었고, 유럽을 분단시킨 프로테스탄트(신교)와 가톨릭(구교)의 세력 다툼에 불씨를 제공했다. 그리고 그 여파는 네덜란드, 영국, 북유럽까지 전해졌다.

중간 역할에서 빠진 성직자

루터에 의해 시작된 프로테스탄트는 가톨릭과 어떤 차이가 있을까? 가톨릭은 교회를 통해 신의 가르침이 이루어진다고 주장하는 반면, 프로테스탄트는 성경을 통해 이루어진다고 주장한다. 교회와 성경, 무엇을 중시하느냐가 가톨릭과 프로테스탄트의 결정적 차이이다.

루터는 성경을 통해서만 신앙을 이룰 수 있으며, 교회나 성직자를 통할 필요가 없다고 주장했다. 그 주장의 배경에는 인쇄술이라는 신기술이 있었다. 인쇄술이 발명되기 전에는 성경을 일일이 손으로 베껴서 만들었기 때문에 가격이 비싸서 일반인은 구하기가 어려웠다. 대량 인쇄는 15세기에 구텐베르크가 금속 인쇄를 실용화하면서 가능해졌다. 구텐베르크의 인쇄술은 활자 합금 주조 기법, 유성 잉크, 종이 프레스 같은 획기적인 기술로 서적의 대량생산을 가능케 했다.

구텐베르크의 인쇄술은 주로 성경책을 제작하는 데 사용되었다. 일반인들도 쉽게 성경을 구하게 되었고, 루터는 '성경을 통한 신앙'을 주장할 수 있었다. 또한 그는 그리스어나 고전 라틴어 성경을 독일어로 번역하여 일반 독일인이 읽을 수 있도록 했다.

그동안 '신의 말씀'은 성직자의 설교를 통해서만 사람들에게 전달되었다. 그러나 인쇄술의 발달로 전도자로서 중간 역할을 하던 성직자들이 빠지고 신과 민중이 직접 이어졌다. 루터의 '성경을 통한 신앙'은 시대와 맞아떨어진 새로운 스타일이었다.

Chapter 19

거대 교단을 지탱하는
자금의 출처

b지역 : 형성
스위스의 칼뱅파

종교 지도자 칼뱅의 기득권 타파

루터의 사상과 운동은 프로테스탄트의 확산과 함께 유럽 각지의 개혁가
에게 계승되었다. 프랑스 개혁가 장 칼뱅도 그중 하나였다. 하지만 프랑
스는 가톨릭 우세 지역이라 그의 사상이 받아들여지지 않았다. 그래서
칼뱅은 루터의 영향력이 미친 스위스의 개혁파 도시 중 제네바로 건너
가 종교개혁 운동을 펼치게 되었다.

칼뱅은 원래 가톨릭 신학을 연구했으나 24세에 종교개혁의 영향을
받고 개혁운동가로 전향했다. 32세에 제네바로 초빙되기 전까지는 가는

곳마다 쫓기는 도망자 신세였다. 칼뱅은 루터의 사상을 강하게 밀어붙였고 철저한 교회개혁으로 기존의 정치권력을 위협했다. 이로 인해 잠시 제네바에서 추방당했다가, 1541년 개혁파에 의해 제네바로 환송되어 봉건 영주를 추방하고 정치권력을 장악했다. 칼뱅은 제네바 시정을 장악하고 '신권 정치', 즉 종교와 정치가 일체화된 지배체제를 구축했다. 그의 신권 정치로 금욕을 중시하는 프로테스탄트의 교리가 확립되었다.

시민들이 사치를 멀리하게 되면서 제네바 거리에는 화려한 옷과 고가의 기호품이 자취를 감췄다. 향락적인 언행과 오락도 엄격히 규제됐다. 부패와 비리가 적발되었고 거리의 치안도 개선되면서 재정은 점차 기강을 되찾았다. 복지와 의료로 예산이 사용되었으며 실업과 빈곤도 퇴치되었다.

그동안 시민들은 봉건영주와 결탁한 로마 가톨릭 세력의 금권정치에 착취당하며 괴로움을 겪었다. 그럼에도 신앙심이 두터워 교회를 거스르는 법이 없었다. 그러한 상황에서 존재감 강한 이방인이 나타나 신앙을 지키며 부패를 척결하는 구체적 방법론과 그 정당성을 설파한 것이다.

시민들은 경제 성장 속에서 부를 쟁취하며 대두했지만, 일부 기득권층의 규제와 억압 속에 성장의 기회를 박탈당했다. 그러한 억압을 일반 민중의 힘으로 타파하는 것이 옳은 일임을 칼뱅이 보증한 것이다. 프로테스탄트라는 새로운 신앙의 틀 안에서 진정으로 신의 뜻을 따르며 이상적인 사회를 건설하자는 칼뱅의 주장이 시민들의 의식을 일깨웠다. 즉 칼뱅의 종교개혁은 기득권에 대한 일반 시민의 투쟁이자 쿠데타였다.

칼뱅이 쥔 권력의 원천

칼뱅의 프로테스탄트 개혁이 정치 권한과 일체화되는 가운데, 시민들은 그 사상과 교리를 엄격하게 실천했다.

독일의 루터파는 루터가 직접 프로테스탄트 교회를 통솔한 것이 아니라, 제후들이 프로테스탄트의 보호자로서 교회 운영을 지휘했다. 그들은 세속 영주일 뿐 종교인이 아니었기 때문에 자신의 입맛대로 교회의 운영 방침을 왜곡했다. 루터의 주장은 교리로

설교하는 칼뱅 제네바 시민들은 열광적으로 칼뱅을 지지했다. 그는 정치 수완이 뛰어나 인재를 잘 활용한 한편, 자신을 거스르는 자는 가차 없이 탄압했다.

서 이념에 머물렀다. 개인의 신앙을 중시한 루터는 저서 『그리스도인의 자유』에서 조직(교회)이 아닌 개인이 신을 마주할 때 갖춰야 할 내면세계에 대해 설파했다. 루터는 대학교수이자 수도사로서 어디까지나 순수한 이념론자였다.

반면에 칼뱅은 제네바에서 신권 정치를 행하는 지배자로서 조직이나 집단이 갖춰야 할 본연의 자세를 중시했다. 그는 거대한 칼뱅 교단의 경영자이기도 했다. 유럽으로 확산된 칼뱅의 프로테스탄트 교단은 조직 운영에 거액의 자금이 필요했다. 제네바 시정 세수만으로는 턱없이 부족했

다. 이때 칼뱅은 당시에 대두한 부르주아 계급에 주목했다. 그들은 상공업에 종사하는 시민들로서 당대의 경제 발전에 힘입어 막대한 이익을 낳으며 거대한 영향력을 행사했다.

칼뱅은 부르주아 상공업자를 대상으로 기존의 가톨릭 교리와 다른 새로운 교리를 만들었다. 예를 들어 기존의 가톨릭 교리에서는 부를 쌓는 것을 천한 행위로 보았다. 하지만 칼뱅이 만든 새로운 교리에서는 직업은 신이 내린 것이며, 열심히 일해서 얻은 이득은 신의 은혜라고 설명했다. 이익 추구를 인정한 것이다.

칼뱅은 '영리 축재의 긍정'을 주창하며 종교적 입장에서 부르주아 자본주의를 옹호했다. 근대 자본주의가 발달하면서 은행가, 상인 같은 부르주아 계급은 이윤 추구를 인정하는 교리가 필요했고, 여기에 칼뱅이 장단을 맞추면서 그들의 지지와 부를 얻은 것이다.

종교가 경제의 운명을 결정하는가?

기존의 가톨릭은 부와 재산의 축적을 세속적인 것으로 보았고, 돈 다루는 직업을 멸시했다. 루터와 칼뱅은 그러한 관념을 타파하고자 종교개혁을 일으켰고, 직업에는 귀천이 없다는 '직업 소명' 이념을 주창했다. 'Beruf'라는 독일어의 원뜻은 '부르다'이다. 신이 사람을 불러 사명을 내리는 것이 '소명'이며, 여기에 따라 각자의 사명으로서 직업이 주어진다는 관념이다.

20세기 독일 사상가 막스 베버의 대표작으로 『프로테스탄티즘의 윤리와 자본주의 정신』(1905년)이 있다. 여기서 베버는 'Beruf'라는 단어가 루터에 의해 의도적으로 사용되기 시작했다고 말한다. 프로테스탄트에서는 일상의 직업 노동에 힘쓰는 것이 종교의 의무를 다하는 것이며, 일을 해서 얻는 보수는 신의 은총으로 여겼다. 베버는 근로와 절약으로 모은 돈은 자본이 되고, 근대 자본주의는 그것을 바탕으로 발전한다고 주장한다.

그동안 이자 취득 때문에 기피되던 은행업이 칼뱅 이후 공기업으로 인식되면서 근대적인 금융 자본이 발전했다. 베버는 칼뱅의 '영리 축재의 긍정'이 자본주의의 정신 기반이 되었고, 유럽의 근대화를 지탱했으며, 자본주의 사회 발전의 원리가 되었다고 본다.

일반적으로 자본주의는 노동이나 경제가 종교적 구속에서 자유로울 때 형성된다고 생각하기 마련이다. 그러나 베버는 종교와 분리된 합리주의에 의해 자본주의가 형성된 것이 아니라, 신에게 부여받은 '소명'으로서의 근로와 거기서 얻은 이익으로 형성된 재산이 자본을 조직적으로 생성하는 요인이 되었다고 주장한다. 프로테스탄트가 자본주의를 탄생시켰다는 베버의 논리는 20세기에 매우 큰 영향력을 미쳤다.

그러나 종교가 경제의 운명을 결정한 것이 아니라 경제가 종교의 운명을 결정했다고 보는 시각도 있다. 즉 부르주아(산업자본가)가 대두함으로써 칼뱅의 '영리 축재의 긍정'이 요구되었다고 볼 수도 있다는 것이다. 20세기 후반 이후 베버의 이론에 다양한 의문과 비판을 던지는 학자들이 속속 등장했다.

도표 19-1 _ 베버의 자본주의론

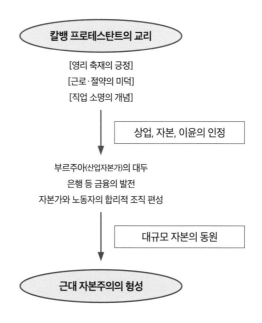

이자 취득을 금지한 가톨릭 교리를 피하는 방법

중세 유럽의 가톨릭교회는 이자 징수를 금지했다. 이자는 시간에 따라 불어나기 때문에, 이것을 받으면 인간이 신의 시간을 빼앗는 것이라고 여겼다. 그러나 12세기 이후 화폐 경제가 널리 침투했고 이자 징수 금지 규정은 점차 유명무실해졌다. 가톨릭교회가 개최한 1197년 제3회 라테란 공회의에서는 이자를 받는 사람은 파문하여 사망한 뒤, 기독교인으로 매상되지 못하도록 결의하기도 했다. 그러다가 1215년 제4회 라테란 공의회에서는 변제 날짜를 지키지 않은 채무자로 인해 채권자에게 손해가 발생한 경우, 이자(벌금으로서의 연체이자)를 인정하기로 했다. 이처럼 교회법은 빠져나갈 구멍을 만들었고, 이후 이자 취득이 일반적으로 이루어지게 되었다.

참고로 라테란 공의회 인정된 이자율 상한은 33%로, 현재의 상식으로는 상상할 수 없는 고리로 설정되어 있었다. 당시에는 대출의 신용이 낮고 채무자가 도망가거나 파산하는 일이 빈번했기 때문에, 채권자의 리스크를 감안하면 이 정도 금리가 적절하다고 판단한 것이다. 특히 상인들의 원격지 상업, 해양 교역은 리스크가 더욱 컸다. 베네치아와 피렌체는 2~3개월의 원격지 상업 관련 사업에 대해 25~50%의 이자를 징수했는데, 연이율로 따지면 100~200%의 이자를 받는 것이 일반적이었다.

중세를 대표하는 신학자 토마스 아퀴나스는 제4회 라테란 공의회에서 결의된 내용을 근거로 자금 상환 지연에 따른 손해배상에 대해 채권자와 채무자가 합의하는 정당한 권리임을 주장하며, 사실상 이자 징수를 논리적으로 정당화했다. 그러자 사람들은 라테란 공의회 결의 내용과 토마스 아퀴나스의 논리를 근거로, 자금을 빌려줄 때 극단적으로 짧은 상환기한을 설정하고 상환이 지연되는 기간만큼 연체이자로 계산했다. 이것이 이자 징수의 가장 일반적인 방법이었다. 이 외에도 환어음결제를 이용해 대출과 상환을 다른 화폐로 하여 환차익을 실제 이자로 하는 방법, 차용증서에 기입할 금액을 실제 대출액보다 크게 잡는 방법, 자금 대출에 대한 사례의 명목으로 사실상 이자와 같은 금액을 받는 방법 등으로 이자 징수 금지에 대한 교리를 피해나갔다.

이러한 방법으로 은행업에서 화려한 성공을 거둔 사업가 가문이 잇따라 등장했다. 12~13세기에 루카의 리카르디가, 시에나의 본시뇨리가, 피렌체의 바르디가와 페루치가가 대두했다. 14세기 이후에는 피렌체의 메디치가, 아우크스부르크의 푸거가, 로마의 키지가 등이 거대 은행을 설립하며 유럽 금융계에 군림했다.

이렇게 이자 징수 금지가 점점 유명무실해지자 가톨릭교회는 1517년 제5회 라테란 공회의에서 이자 징수를 해금했다. 이때 공의회를 주도한 사람이 교황 레오 10세였다. 또한 16세기에는 칼뱅이 5%의 이자 취득을 인정하여 영국, 네덜란드 등의 프로테스탄트 국가에 금융업이 확산되었다. 이로써 시장은 넉넉한 자금을 확보하게 되었다.

Chapter 20

대항해시대를 낳은
가톨릭의 자금

c지역 : 연합
스페인의 가톨릭

두 종교가 섞인 레콩키스타

유럽 서단의 이베리아반도는 이교도의 침입 위협에 노출되어 있었다. 698년 이슬람 세력은 비잔틴 제국령 카르타고(현재의 튀니지)를 점령하여 북아프리카의 교두보를 확보했다. 이어 서쪽으로 나아가 모로코를 제압하고 지브롤터 해협을 넘어 711년 스페인을 점령한 후, 서유럽 세력과 대치하게 되었다.

이후 이베리아반도는 이슬람 세력의 지배권에 들어갔으며, 그 지배는 15세기 말까지 700년 이상 지속되었다. 이렇게 오랫동안 이슬람의 지배 아래 있었지만 이 지역에서 기독교 신앙이 살아남을 수 있었던 것은, 이슬람교가 다른 종교에 관대했기 때문이다. 이베리아반도의 이슬람 세력은 유럽인의 기독교 신앙을 탄압하지 않았고, 이교도에게 요구되는 세금만 제대로 징수되면 종교의 자유를 인정했다. 중세의 이베리아반도는 이교들이 서로 화합하며 공존하는 지역이었다. 이베리아반도를 두 종교 세력이 치열한 공방전을 벌인 무대로 보는 시각이 있는데, 그렇게까지 첨예한 대립은 아니었다.

한편 수많은 이슬람교도 남성들이 백인 기독교 여성을 첩으로 들였다. 이것은 사실상 성노예로, 지배층의 특권이었다. 그렇게 태어난 혼혈인들은 '베르베르인'이라 불리며 관료나 군인으로 적극 등용되었다. 철학자이자 의학자인 이븐 루시드처럼 유능한 학자가 그 예다.

그러나 12세기에 들어서 종교 화합은 깨지고 말았다. 스페인의 기독교 제후들이 결속하여, 일명 '레콩키스타'라는 이슬람 배척 운동을 전개한 것이다. '회복(recovery)'이라는 뜻의 레콩키스타는 이베리아반도를 되찾으려는 기독교도의 국토 회복 운동을 가리킨다.

12세기에 유럽 경제는 눈부신 성장을 이루었다. 이 시대를 14세기 후반의 르네상스 시대에 빗대어, 12세기 르네상스라 한다. 그동안 문화, 경제적으로 이슬람에 뒤처졌던 유럽이 중세 상업도시의 발달로 서서히 힘을 키우기 시작했다. 반면에 이슬람 세력은 내분을 거듭하며 혼란을 겪고 있었다. 그 틈을 타 이베리아반도 북부의 레온, 카스티야, 나바라, 아라곤 등지의 기독교 제후들이 남쪽으로 영토를 확장하며 통합을 추진했

『그라나다의 항복』(프란시스코 오티스 그림, 1882년, 스페인 국회의사당 소장) 오른쪽 흰말에 탄 사람이 이사벨 1세, 붉은말에 탄 사람이 페르난도이다. 교황 알렉산드르 6세는 이 부부에게 '가톨릭 양왕'의 칭호를 수여하며 찬사를 아끼지 않았다.

다. 그리고 1479년 아라곤의 왕자 페르난도와 카스티야의 공주 이사벨의 결혼으로 스페인 왕국이 성립되었다.

이베리아반도 남부로 밀려난 최후의 이슬람 국가는 나스르 왕조이다. 이슬람 건축의 최고봉으로 꼽히는 알함브라 궁전을 지은 것으로 유명하다. 스페인 왕국은 1492년 수도 그라나다를 점령해 나스르 왕조를 멸함으로써 레콩키스타를 완료했다.

가톨릭연맹, 스페인으로 향하는 이탈리아 자본

레콩키스타를 승리로 이끈 스페인 왕국은 전 유럽으로부터 기독교계의 템플 기사단이라는 찬사를 받았고, 기독교 신앙은 더욱 두터워진다. 예나 지금이나 스페인에 열성 가톨릭 신자가 많은 것은 이러한 역사적 배경과도 관련이 있다. 스페인 여왕 이사벨 1세는 레콩키스타 성공 직후 콜럼버스를 만났다. 스페인 서쪽을 돌아가는 인도 항로 개척은 경제적 동기는 물론, 전 세계에 가톨릭을 전파해야 한다는 종교적 동기에 의한 것이기도 했다.

스페인 왕국은 아들의 사망으로 1501년 후아나 공주가 왕위를 계승하게 되었다. 후아나는 합스부르크 가문의 필리프와 결혼한다. 1516년 후아나의 장남 카를이 스페인 왕 카를로스 1세가 되었다. 신성로마제국의 황제 카를 5세를 겸했던 카를로스 1세는 스페인 왕권을 강화하는 한편, 합스부르크 왕조의 전성기를 이끈 매우 유능한 국왕이었다. 카를 5세(카를로스 1세)는 가톨릭을 내세우며 교황과 연합했고 스페인인에게는 회유 정책을 펴는 한편, 독일 루터파 제후들과는 전투를 벌였다. 합스부르크는 루터파 제후들과 싸우는 동시에 가톨릭 정책을 강력하게 추진해야 했다.

카를 5세는 동생에게 신성로마제국 황제 자리를 물려주었고, 아들 펠리페 2세에게는 스페인 왕위를 물려주었다. 펠리페 2세는 신대륙(아메리카 대륙)에서 아시아로 세력을 확장한다. 1571년에는 필리핀에 마닐라를 건설해 태평양 지역의 거점으로 삼으며 중국과 교역했다. '필리핀'은 펠리페 2세의 이름을 딴 지명으로, 그 광활한 영토는 '해가 지지 않는 제국'으로 평가되었다.

신대륙과 아시아에 이르는 거대 식민지를 통치하려면 막대한 자금이

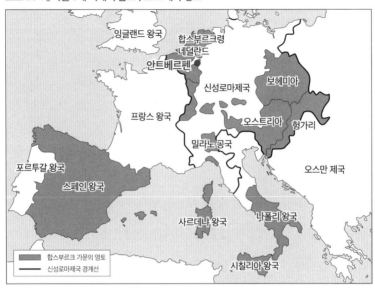

필요했다. 스페인은 그 자금을 제노바 등의 이탈리아 자본에 의존했다. 르네상스 이후 이탈리아의 여러 도시에 부가 집중되어 있었기 때문이다. 가톨릭 세력권에 있는 이탈리아 자본은 루터파 신교도가 대두한 독일 대신, 같은 가톨릭 세력권인 스페인으로 향했다.

프랑스도 가톨릭 세력권이었으나 프랑스 왕의 거듭된 이탈리아 침공으로 두 나라는 정치적으로 대립관계에 있었다. 반면 스페인과는 끈끈한 우호 및 연대 관계를 맺고 있었기 때문에 이탈리아의 잉여 자본이 스페인과 포르투갈로 향했다. 또한 이탈리아와 스페인은 전 세계에 가톨릭 세력을 확장하겠다는 종교적 가치관도 일치했다. 가톨릭연맹의 가톨릭 자금이 대항해시대를 낳았다고 해도 과언이 아니다.

신교도들이 밀집한 국제 도시 안트베르펜

카를 5세는 광활한 신성로마제국령을 이동하며 통치한 반면, 그의 아들 펠리페 2세는 스페인에 머문 채 마드리드 엘 에스코리알 궁전에 칩거했다. 늘 궁전 집무실의 서류더미에 둘러싸인 채 정무를 돌보아 '서류왕'이라는 별명이 있었으며 근검·절약을 중시했다.

펠리페 2세는 독실한 천주교 신자였다. 그는 칼뱅파 신교도가 많은 스페인 속령 네덜란드(벨기에, 네덜란드)에 가톨릭 정책을 강요했다. 그러자 네덜란드가 이에 반발하며 1568년에 독립전쟁을 일으켰다.

펠리페는 칼뱅파 신교도들을 무자비하게 탄압했다. 그는 "이단자의 통치자로 군림하느니 차라리 목숨을 100번 잃는 게 낫다"라며 그들을 신의 뜻을 거스르는 역적으로 간주했다. 1576년 스페인군이 신교도의 거점이었던 안트베르펜을 약탈하고 파괴하자, 신교도 상공업자들이 네덜란드 암스테르담으로 도피했다.

왜 신교도들이 안트베르펜에 밀집했을까? 바로 스페인의 정책 때문이었다. 스페인은 식민 활동으로 얻은 이익의 대부분을 제노바 등지에서 발생한 대출이자를 갚는 데 사용했다. 국가 수입의 약 70%가 대외이자를 갚는 데 사용된 것이다.

그래서 스페인은 스스로 자금을 조달하기 위한 시스템을 마련했다. 속령인 네덜란드의 중심 도시 안트베르펜을 특구 지역으로 개방하고, 여기서 빚을 얻어 자금을 조달한 것이다. 영국, 네덜란드, 프랑스, 독일이 안트베르펜를 중심으로 연결되어 있어서, 그 국가들의 자금과 물자가 집중되는 이점이 있었다. 신교도 상공업자들은 안트베르펜에 모여 다양한 사업을 추진했다.

그리고 합스부르크·스페인이 발행하는 채권은 신용도가 높아 잘 팔렸다. 채권은 유럽 전역을 아우르는 합스부르크 제국 영내에서 지금의 유로화처럼 공통 화폐로 유통되었다. 합스부르크의 강점이 발휘되어 자금 조달이 원활히 진행되었다. 제노바 같은 이탈리아 도시의 자금에만 의존하지 않고 단시간에 스스로 자금 조달이 가능한 구조를 스페인이 마련한 것이다.

가톨릭을 고집한 펠리페 2세의 실책

안트베르펜은 잠재력 있는 국제도시로 성장하여 스페인 왕국의 든든한 재원이 되었다. 하지만 펠리페 2세는 신교도가 많은 안트베르펜을 스스로 파괴시켰다. 자금원을 망가뜨려가면서까지 이렇게 자신의 종교를 강요한 이유는 무엇일까.

한마디로 펠리페 2세는 금전 감각이 전무했다. 서류에 둘러싸여 치밀하게 정무를 살피던 그였지만, 정작 왕국의 재무 상황에는 무관심했다. 신대륙 등 광활한 식민지에서 발생한 수익을 거의 파악하지 못했고, 횡령과 암거래가 횡행하는데도 방치했다. 왕실이 식민지 개척에 예산을 쏟아부어 발생한 수익을 귀족과 유력 상인들이 가로채는 일까지 있었다.

독실한 가톨릭교도인 펠리페 2세는 돈의 흐름을 쫓는 것을 천박한 행위로 여겼다. 왕실 재정을 떠받치는 자금의 출처를 몰랐고 관심도 없었다. 그래서 펠리페 2세에게 유수의 상공업도시 안트베르펜은 국고를 지탱하는 귀중한 재원이 아니라, 그저 발칙한 신교도들이 득시글대는 악의 소굴이었다. 그는 안트베르펜이 어떻게 되든 개의치 않았다.

1557년에 펠리페 2세는 파산을 선고하고 채무는 1년에 총액의 5%를 지불하는 장기 공채로 전환하여 재정을 충당했다. 1560년, 1575년, 1596년에 지불 정지 조치를 취했다. 펠리페 2세 시대의 왕실 재정은 지속 불가능한 상태에 빠졌다.

당시 상공업에서 두각을 나타낸 칼뱅파 신교도들은 가톨릭을 강요한 스페인에 적대감을 품고 네덜란드, 영국 등 새로운 땅을 찾아 대거 이주했다. 가톨릭을 고집한 펠리페 2세는 상공업의 주역이었던 신교도를 잃고 경제 발전의 기회를 박탈당하게 되었다.

스페인은 눈에 띄게 쇠퇴했고 암스테르담, 런던 등 새로운 상공업 도시와 금융센터를 갖춘 네덜란드, 영국이 세력을 떨치기 시작했다. 안트베르펜이 파괴된 이후 암스테르담이 상공업의 중심이 되자, 세력이 커진 네덜란드는 스페인으로부터 독립하여 패권을 장악했다. 거기다 스페인은 1588년 아르마다 해전에서 영국에게 패하기까지 했다.

스페인의 재정이 악화되자, 1581년부터 스페인에 종속되어 있었던 포르투갈이 반란을 일으켜 1640년에 분리 독립했다. 정치적으로는 독립했지만 열성적 가톨릭 국가인 것은 포르투갈도 마찬가지였다.

레콩키스타 이래 이교도들과 싸워온 스페인은 가톨릭 보수의 아성이었다. 가톨릭을 통해 체제를 강화하고 이탈리아 여러 도시와 가톨릭 연맹을 맺었다. 그러면서 가톨릭 자금이 유입되었고 이를 발판으로 세계무대에 진출하여 황금기를 구가하기도 했다. 하지만 16세기 후반 신교도가 대두하는 상황에서 경직적인 보수 가톨릭 정책에 집착한 결과, 시대의 흐름에서 밀려나게 되었다.

Chapter 21

종교 인구 대이동에 따른
사회의 변동

d지역 : 자립
네덜란드와 영국

네덜란드는 강대국 스페인에게 어떻게 이겼는가?

16세기 후반, 네덜란드와 영국은 스페인의 가톨릭 강요 정책을 피해 건너온 칼뱅파 신교도(프로테스탄트)를 보호하고 그들의 상공업 기술을 활용했다. 네덜란드는 1581년에 독립전쟁을 일으켜 스페인으로부터 독립했다. 영국은 1588년 아르마다 해전에서 스페인 무적함대를 격파시켰다. 네덜란드와 영국은 두 전쟁에서 연합하여 가톨릭·스페인을 무찔렀다. 당시 프랑스는 계급과 종교가 복잡하게 얽힌 장기 내선인, 1562~1598년의 위그노 전쟁이 일어나 힘을 발휘하지 못했다.

네딜란드로 건너온 신교도 상공업자들은 영국산 모직 제품을 대륙에 판매하는 소매업에 종사했다. 그들은 영국 모직 제품을 도맡아 유럽 대륙에 판매했다. 이러한 소매업은 큰 성공을 거두며 단기간에 네딜란드 경제를 부흥시켰다.

네딜란드에서는 영국 제품을 매입하기 위한 도매상 제도가 발달했다. 매입 자금의 확보와 공급이 중요해지자 암스테르담에 은행, 증권사, 보험사 등의 각종 금융기관이 세워져 도매상들에게 풍부한 자금을 공급했다. 이에 따라 암스테르담은 세계적인 금융 센터로 발전한다. 금융 형태의 대부분은 증권과 주식 발행을 통한 직접형 금융이었다. 암스테르담 증권거래소는 공전의 호황을 누렸다. 사업 기회를 노린 신교도 상공업자들이 속속 네딜란드에 모여들었다. 그곳에는 스페인, 이탈리아 등 보수 가톨릭 세계에서는 볼 수 없었던 종교적·경제적으로 개방된 신세계가 있었다.

네딜란드는 이렇게 급속도로 성장한 경제력을 바탕으로 거대한 제국 스페인과 대등하게 겨루며 독립할 수 있었다. 17세기 전반에는 이른바 '황금시대'를 맞이하여 신대륙과 아시아로 진출했다. 반면에 벨기에는 네딜란드가 독립한 후에도 스페인·합스부르크의 지배하에 머물렀다. 그래서 대다수가 천주교였고 그러한 경향은 지금까지도 이어지고 있다.

종교적 이유로 공화국이었던 네덜란드

네딜란드의 신교도는 '고이센(geusens, 거지)'이라고 불렸다. 스페인 사람들이 신교도를 '거지같은 녀석들'이라고 조롱한 데서 이러한 호칭이 붙게 되었다. 하지만 단순히 모욕을 주기 위한 호칭이었을 뿐, 실제로 가난한 것은 아니었다. 신교도들은 오히려 사업에 성공한 부유층이었다.

네덜란드의 신교도는 평등주의 사상을 추구했다. 프로테스탄트의 창시자 루터는 신 앞에 만인은 평등하다고 주장하며 구교인 가톨릭교회의 권위주의와 신분 서열을 부정했다. 신도는 모두 평등하며 교회 성직자를 신도 위에 있다고 보지 않았다. 사제나 주교 등 교회 성직자를 두지 않았고 목사가 가르침을 전했다. 가톨릭교회처럼 신분의 수직적 서열관계 없이 회중제의 형태를 띠는 것이 루터파의 특징이었다.

칼뱅은 신도와 성직자의 신분 차이를 인정하지 않는다는 점에서는 루터와 같았다. 하지만 루터처럼 완전 평등한 회중제를 취한 것은 아니었다. 각 커뮤니티를 대표하는 장로들이 의회를 구성하고 거기서 교회 운영방침을 결정하는 장로제를 취했다. 장로 이외의 사람들은 모두 평등했다.

루터파와 칼뱅파의 사상대로라면 신분제 사회를 관장하는 왕정은 부정되어야 마땅한 것이다. 네덜란드 신교도들은 칼뱅파였다. 그래서 독립 후에도 왕을 두지 않고 공화국이 되었다. 독립운동 지도자인 오라녜나사우 가문의 빌렘은 총독 지위에 올랐다.

1802년 네덜란드는 나폴레옹의 점령으로 프랑스에 지배에 있다가, 나폴레옹 몰락 후 독립하게 되었다. 하지만 유럽 각국은 네덜란드가 공화국으로 독립하는 것을 인정하지 않았다. 1814~1815년 빈 회의에서

페르난도 알바레스 데 톨레도 알바 공작(안토니스 모르 그림, 1549년, 마드리드 리리아 궁전 소장) 카를 5세와 펠리페 2세를 섬긴 스페인 장군이다. 속령 네덜란드의 총독이 되어 '피의 심판소'라는 집행기관을 창설해 공포 정치를 일삼으며 수많은 신교도를 처형했다.

빈 체제가 대두하여 공화파 세력을 제거해야 했기 때문이다. 결국 1815년 오라네나사우 가문의 빌렘 6세가 네덜란드 왕 빌렘 1세로 왕위에 오르면서 네덜란드는 왕국이 되었고, 지금까지도 이 체제를 유지하고 있다.

영국 국교회란?

영국의 헨리 8세는 1534년 수장법을 제정하고 영국 국교회를 창설했다. 영국은 원래 가톨릭 국가였기 때문에 로마 교황이 정사에 개입했다. 이에 헨리 8세는 루터파의 종교개혁으로 가톨릭의 권위가 떨어진 틈을 타, 구교도 신교도 아닌 영국 고유의 국교회를 만들었다. 그리고 스스로 수장이 됨으로써 국왕의 권위를 높이려 했다.

국교회는 신교도가 상공업자를 배려한다는 점에서 칼뱅파의 교리를 수용했다. 당시 영국은 모직물 산업의 발달로 상공업자인 부르주아 세력이 대두하고 있었다. 왕권은 중앙집권을 추진하는 과정에서 관료기구와 군사기구를 정비해야 했는데, 이를 재정적으로 뒷받침한 것이 부유한 부르주아 세력이었다. 왕은 그들의 지지가 필요했다.

한편 영국 국교회는 의식과 조직 운영 측면에서는 가톨릭을 답습했

다. 칼뱅파의 교리와 모순되게도 가톨릭의 신분제를 인정했다. 그리고 국
왕의 절대 권력을 위해 수장법을 시행하여 저항하는 귀족, 지주 등 제후
들을 복종시켰다(《도표 21-2》 참조). 그들 대부분은 열성적인 보수 가톨릭
교로서 로마 교황의 영향 아래 있었기 때문에 영국 국왕에게 복종하지
않았다. 수장법에는 영국 국교회로 개종하지 않는 가톨릭교도 제후를
배척한다는 조항이 있었다. 헨리 8세는 이 조항에 의거해 가톨릭파 제
후들을 탄압하고 반대파를 매장하여 왕권을 강화했다.

절대 왕권에 의해 제후 및 봉건 영주 계층이 해체되자, 새로운 토지를
집적하여 영주권을 구입한 신흥 지주가 출현했다. 이들은 목장을 경영하
여 양모를 공급해, 국가가 추진하는 모직물 공업 발전에 크게 기여했다.

사실 헨리 8세는 정치적 이유로 영국 국교회를 창설한 것이 아니었다.
진짜 이유는 자신의 이혼 문제였다. 헨리 8세는 대를 잇지 못하는 캐서
린 왕비와 이혼하고 캐서린의 시녀이자 자신의 성부인 앤 불린과 결혼하
려고 했지만, 교황은 이혼을 인정하지 않았다. 그러자 헨리 8세는 영국

도표 21-2 _ 왕권 강화 구조

에서 로마 교황권을 분리하고 이혼 문제를 매듭짓기 위해 국왕을 수장
으로 하는 영국 국교회를 창설한 것이다. 영국 국교회는 왕의 불순한 의
도에서 비롯된 것이었다.

메리 1세가 주장한 가톨릭 정책의 실상

헨리 8세는 영국 국교회를 창설하여 반대파 제후를 비롯한 보수 가톨릭
세력을 봉쇄하려 했다. 그러나 그의 의도와 달리 제후들은 반격에 나섰
고, 저항과 혼란이 가중되면서 큰 반란의 조짐이 보이기 시작했다.

　헨리 8세가 죽은 후 에드워드 6세가 왕위를 이었고, 6년 후 메리 1세
가 왕위를 이었다. 열렬한 가톨릭 신봉자였던 메리 1세는 가톨릭을 부활
시켰다. 그리고 같은 가톨릭 신봉자인 스페인 왕 펠리페 2세와 결혼한다.
대세를 역류하는 행보에 수많은 사람들이 반기를 들자 메리 1세는 그들

을 모두 처형한다. 이후 그녀는 '피의 메리(블러디 메리)'라는 별명을 얻게 된다.

메리 1세는 잔인한 여왕의 이미지가 강하지만, 그녀의 가톨릭 정책은 공존공영을 위한 방책이었다. 아버지 헨리 8세의 수장법에 의해 탄압당한 가톨릭 보수 제후들은 가톨릭 국가 스페인과 결탁하여 반란을 공모했다. 메리 1세는 가톨릭을 부활시킴으로써 제후들과 화해하고 대외적으로도 스페인과 우호관계를 유지할 수 있었다. 당시 영국 왕실이 내란이나 대외 전쟁에 대처할 여유가 없었다는 점을 감안하면, 메리 1세의 가톨릭 부활 정책은 현실을 반영한 협조 정책으로 볼 수도 있다.

메리 1세의 뒤를 이은 이복동생 엘리자베스 1세는 1559년, 통일법에 따라 영국 국교회를 부활시켰다. 헨리 8세의 수장법과 엘리자베스 1세의 통일법은 구교나 신교가 아닌 영국 고유의 국교회를 확립하려 한 점에서는 방향성이 같았다. 하지만 내용은 상당히 다르다.

수장법은 천주교를 인정하지 않는 이단 배척 조항을 골자로 했다. 가톨릭의 보수 제후들을 배제하기 위해서였다. 반면에 엘리자베스 1세는 국내 정세가 불안하다는 이유로 이단 부정 조항을 통일 법안에 포함시키지 않았다. 영국 국교회를 내세우면서도 가톨릭 세력을 배제하지 않는 타협책을 취한 것이다. 엘리자베스 1세는 종교 문제로 나라가 분열되는 사태를 막기 위해 우선 국내 상황을 진정시키려 했다.

이후 왕권이 강화되자 가톨릭 제후들은 엘리자베스 여왕에게 순응하며 자발적으로 개종했고, 영국 국교회는 점차 자리를 잡아가게 되었다.

종교, 입헌군주주의를 낳다

1688년 시민들의 혁명인 명예혁명에 의해 입헌군주주의가 성립했다. 군주제와 의회주의가 절충된 입헌군주주의의 탄생 배경에는 종교적 가치 투쟁이 있었다.

당시 영국은 상공업자들로 이루어진 칼뱅파가 거대 세력으로 성장하여 보수 귀족(국교회)과 대립하고 있었다. 보수 귀족은 신분제 유지를 주장했지만, 칼뱅파는 장로제의 교회 운영 이념에 따라 신분제를 인정하지 않았다.

양자의 입장을 절충한 정치 체제가 바로 입헌군주주의였다. 즉 장로제에 의거하여 민주주의적 평등 사회를 지향하는 칼뱅파의 교리는 의회주의에 따라 정치에 반영하는 한편, 왕정과 신분제를 유지하여 보수 귀족 등을 배려하기로 타결한 것이다. 이러한 정치 체제는 칼뱅파의 교리와 가톨릭의 형식주의를 고루 갖춘 영국 국교회와도 부합하여 영국의 근대화에 크게 기여했다.

상공업자인 칼뱅파가 국교회를 신봉하는 보수 귀족과 서서히 융합되면서 양자의 구분이 점차 모호해졌다. 국교회와 칼뱅파 프로테스탄트가 오늘날 거의 동일시 되는 것은 이러한 과정이 있었기 때문이다.

현재 영국 등 세계 여러 나라에서 도입하고 있는 입헌군주주의는 이러한 역사적 배경으로 인해 종교에 기인하는 바가 크다. 이 체제는 현실 사회에 종교 사상을 적용·융화시킨 독자적 리얼리즘의 산물이었다고 할 수 있다.

영국 왕실에 남아 있는 종교의 장벽

2018년 5월 해리 왕자와 메건 왕자비의 결혼식이 있었다. 아프리카계 흑인 어머니를 둔 메건이 영국 왕실의 며느리가 된 것은 인종의 장벽을 뛰어넘는 획기적 사건이었다.

반면 종교의 벽은 허물 수 없었다. 영국은 이교도와의 결혼을 금지하는 법률 규제가 여전하기 때문이다. 가톨릭 신자였던 메건 왕자비는 결혼식 두 달 전인 3월, 세인트제임스 궁전 왕실 예배당에서 세례를 받고 국교회로 개종했다. 자신의 종교를 왕실의 종교에 맞춘 것이었다.

1701년에 제정된 영국의 왕위계승법은 국교회 신도만이 왕위 계승권을 가질 수 있으며, 그 배우자도 국교회 신도여야 한다고 규정한다. 이는 종교전쟁이 잦았던 유럽에서 이교도와의 정략결혼으로 왕실이 점령되지 않도록 하기 위한 조치였다. 그러다가 2013년 새 왕위계승법이 제정(2015년 시행)되면서 왕실은 천주교도와의 결혼을 허용한다. 법적으로는 메간 왕자비는 개종하지 않고도 결혼할 수 있었다.

다만 2013년에 제정된 신법에서도 왕실이 결혼을 인정하는 이교도는 천주교로 제한되었다. 그 밖의 종교는 인정되지 않았다. 종교전쟁의 위기가 거의 없는 오늘날도 종교의 벽을 뛰어넘는 것은 여전히 쉽지 않다.

유럽연합 탈퇴를 복잡하게 만든 종교전쟁

17세기 중엽, 영국은 이일랜드를 정복하고 가톨릭 주민을 탄압한다. 북아일랜드(얼스터 지방)는 영국인들의 대량 이주로 국교회 신도가 주민 대

도표 21-3 _ 영국과 아일랜드

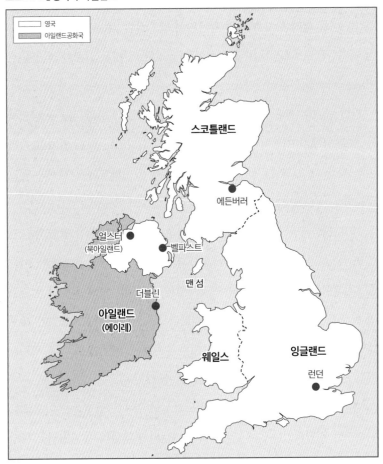

부분을 차지하게 된다. 18세기 후반 미국의 독립과 프랑스 혁명의 영향
으로 아일랜드에서 독립의 분위기가 고조되자, 이를 경계한 영국은 1801
년 아일랜드를 병합한다. 그리고 영국은 '대영제국 및 아일랜드 연합왕

국'이 되었다.

그러나 아일랜드의 독립 운동은 멈추지 않았다. 가톨릭을 신봉하는 그들의 투쟁은 항상 종교전쟁 성격을 띠었다. 20세기에는 아일랜드 독립을 지향하는 신페인당이 결성되었다. '신페인(sinn fein)'이란 아일랜드어로 '우리 스스로'라는 뜻이다. 신페인당을 비롯한 독립파는 영국에 격렬히 저항했고, 마침내 제2차 세계대전 후인 1949년에 영국 연방에서 독립하여 아일랜드공화국이 되었다.

그러나 영국 연방으로 남은 북아일랜드에서는 다수파인 영국 국교회('프로테스탄트계'로 표기하는 경우가 많음)와 소수파인 가톨릭이 대립했다. 프로테스탄트계는 가톨릭을 정치·경제적으로 계속 차별했다. 가톨릭 세력은 아일랜드와의 합병을 목표로 1969년 아일랜드공화국군(IRA)을 결성했고, 1970~80년대에 걸쳐 테러 공세를 강화했다. 그러다 1990년대 평화 분위기가 조성되면서 테러는 진정 국면에 들어섰다.

2016년 영국의 '유럽연합(EU) 탈퇴 국민투표'에서 탈퇴파가 압도적 다수를 차지한다. 이에 북아일랜드와 아일랜드의 국경 문제도 함께 불거졌다. 이 문제는 영국 의회에서도 논란을 일으키며 영국의 EU 탈퇴를 복잡하게 만들고 있다.

Chapter 22

잘 알려지지 않은
북유럽의 종교개혁

e지역 : 파생
북유럽의 프로테스탄트

구교와 신교의 교회는 어떻게 구분하는가

주변의 교회가 가톨릭(구교)인지 프로테스탄트인지 구분하려면 십자가에

못 박힌 예수상을 확인하면 된다. 예수상이 있으면 천주교, 없으면 프로

테스탄트이다. 또한 교회 건물이나 부지에 마리아상과 성인상이 있으면

가톨릭, 없으면 프로테스탄트이다.

　『구약성서』의 「출애굽기」에는 신이 예언자 모세에게 '십계명'을 내려

우상 숭배를 금지했다는 내용이 있다.『구약성서』의 「갈라디아서」, 「고린

도전서」, 「골로새서」도 우상이나 성상을 세워 신을 형상화해서는 안 된

다고 말한다. 프로테스탄트는 그 가르침을 반드시 지켜야 한다고 여겨 십자가를 제외한 성상을 교회에 두지 않는다. 가톨릭교회는 화려한 장식을 통해 신의 영광과 위대함을 시각적으로 표현했지만, 반면에 프로테스탄트 교회는 장식을 제한했으며 그 대신 찬송가 등의 음악을 중시했다. 그래서 가톨릭권인 이탈리아, 스페인, 프랑스는 회화와 조각 같은 시각 예술이 발달했고, 프로테스탄트권인 독일과 북유럽은 음악 예술이 발달했다.

북유럽 3국인 덴마크, 스웨덴, 노르웨이는 경제적·문화적으로 독일의 영향을 크게 받았다. 16세기에 일어난 루터의 종교개혁도 직접적인 영향을 미쳤다. 북유럽에서는 1397년 덴마크 여왕 마르그레테 1세의 제창으로 칼마르 동맹이 결성되었다. 덴마크 왕을 맹주로 덴마크, 스웨덴, 노르웨이가 연합한 이 동맹은, 발트해 교역을 통해 번성했다. 15~16세기에는 교역으로 부를 축적한 상공업자가 등장했다. 북유럽의 부르주아 상공업자들은 프로테스탄트를 적극 수용하며 결속했다. 이러한 움직임은 네덜란드나 영국의 상공업자들과 같았다.

백작전쟁과 헨리 3세

영국 왕 헨리 8세가 재력 있는 프로테스탄트 상공업자들과 연합하여 왕권을 강화한 것처럼 북유럽의 왕도 이들과 연합했다. 덴마크에서는 보수 귀족이 가톨릭 주교들과 유착하여 국왕에게 프로테스탄트 포교 금지를 요구하는 등 대립이 심화되었다. 이 대립은 1534년 '백작전쟁'이라는 내

크리스티안 3세(야곱 빈크 그림, 1550년, 덴마크 국립역사박물관 소장) 가톨릭교회를 거칠게 탄압하여 단시간에 와해시킨 후 '하데르슬레우 규약'이라는 종교 강령을 제정하여 교회 감독권을 장악했다.

전으로 발전했다. 내전에서 승리한 것은 국왕 크리스티안 3세와 프로테스탄트 상공업자였다.

크리스티안 3세는 황태자 시절, 독일의 보름스 제국의회에서 열린 루터의 연설에 깊은 감명을 받고 루터파로 개종했다. 크리스티안 3세는 종교개혁을 통해 국가가 새로운 시대를 열 수 있다는 것을 깨달았다. 1536년, 백작전쟁에서 승리한 크리스티안 3세는 보수 귀족들과 유착한 가톨릭 주교와 성직자들을 체포하여 구금했다. 그리고 가톨릭 소유의 광활한 영토를 몰수하여 왕령으로 삼고 재정 재건과 왕권 확대에 이용했다.

덴마크는 프로테스탄트 상공업자의 지원에 힘입어 왕권을 확립했고, 왕국의 발전 기반을 마련했다. 즉 덴마크의 원형은 프로테스탄트의 종교적 추진력에 의해 구축되었다고 할 수 있다. 노르웨이에서도 덴마크 지배의 영향으로 프로테스탄트가 확립되었다.

구스타프 바사, 스웨덴 독립군의 종교 결속

스웨덴은 덴마크 여왕 마르그레테 1세가 주도한 칼마르 동맹 결성 이후, 사실상 덴마크에게 지배당했다. 15~16세기에 들어 스웨덴에서도 부르주아 상공업자가 대두했다. 경제 발전을 이룬 스웨덴 상공업자들은 덴마크의 지배를 벗어나고 싶어했고 양측은 날카롭게 대립했다.

1520년 덴마크 왕 크리스티안 2세(크리스티안 3세의 사촌 형)는 스웨덴 독립파를 탄압했고, 이 과정에서 수많은 독립파가 처형되었다. 일명 '스톡홀름의 피바다'였다. 스웨덴 독립파였던 귀족 구스타프 바사

구스타프 1세(야콥 빈크 그림, 1542년, 웁살라대학교 소장) 성서를 스웨덴어로 번역해 국민들에게 널리 배포했다. 프로테스탄트에 기초한 국가 건설에 힘썼으며, 스웨덴 근대국가 발전의 기초를 닦았다.

는 덴마크군에 저항했다. 그는 프로테스탄트 상공업자의 지원으로 스웨덴 민중을 이끌었다. 결국 구스타프 바사는 덴마크군을 물리치는 데 성공해 스웨덴을 독립시켰다. 그는 1523년 국왕에 즉위하여 구스타프 1세가 되었다.

구스타프 1세는 그를 도왔던 신교도들을 위해 프로테스탄트를 국교로 정하고 가톨릭을 배척했다. 가톨릭교회의 영토를 몰수하여 왕령으로 삼고 왕권을 확대했다.

한편 영토 대부분이 스웨덴의 지배 영역이었던 핀란드에서도 프로테스탄트가 확립되었다.

가톨릭 지배 체제의 붕괴

16세기에 영국, 네덜란드, 북유럽에 강한 영향력을 행사한 프로테스탄트는, 그보다 조금 늦은 17세기에 동유럽에 상륙했다. 동유럽의 프로테스탄트는 30년전쟁(1618~1648년)을 통해 세력을 확장했다.

30년전쟁은 뵈멘(체코 서부)의 신교도가 합스부르크·신성로마제국의 가톨릭 지배에 반란을 일으키면서 시작되었다. 반가톨릭 투쟁의 고리는 뵈멘에만 그치지 않고 독일 루터파 제후, 덴마크, 스웨덴 등 북유럽까지 확산되었다. 덴마크 국왕 크리스티안 4세와 스웨덴 국왕 구스타프 아돌프(구스타프 2세)의 활약이 두드러지자, 이에 대항하기 위해 합스부르크·신성로마제국도 발렌슈타인 장군을 투입했다.

30년전쟁에서 덴마크와 스웨덴에 자금을 댄 것은 같은 프로테스탄트 세력인 네덜란드의 금융기관이었다. 풍부한 자금력으로 덴마크와 스웨덴을 지원하여 간접적으로 전쟁에 참여한 것이다.

전쟁 종반으로 갈수록 신교 측의 승리가 확실해지자, 프랑스 부르봉 왕조의 루이 13세가 승자에 편승하기 위해 전쟁에 개입했다. 프랑스는 독일과 스페인의 합스부르크 세력 사이에 끼어 있었기 때문에 합스부르크에 대항하는 것이 외교의 최우선 과제였다. 부르봉 왕조는 합스부르크와 같은 가톨릭임에도 불구하고, 신교 측에 붙어 합스부르크를 공격했다.

30년전쟁은 원래 프로테스탄트와 가톨릭의 싸움이었으나, 종반에 프랑스가 개입함으로써 종교전쟁 성격이 희미해지고 국가 간 전쟁으로 변질되었다. 마침내 합스부르크는 1648년에 베스트팔렌 조약을 체결하고 패배를 인정했다. 합스부르크 가문은 독일에 대한 지배권을 완전히 상실하고 본거지인 오스트리아를 건국하는 데 전념했다. 이후 '신성로마제국'이 아닌 '오스트리아'라는 호칭을 사용하게 되었다.

16세기에 시작된 루터의 종교개혁은 가톨릭의 보수 권위와 지배 체제를 흔들었다. 프로테스탄트는 17세기의 30년전쟁을 통해 국제적으로 탄탄한 세력 기반을 구축했다고 할 수 있다.

Chapter 23

가톨릭, 국민 통합의 수단이 되다

f지역 : 이용
프랑스의 가톨릭

인간이 인간을 지배하는 것에 정통성을 부여한 종교

5세기 말부터 6세기 초에 메로빙거 왕조 프랑크 왕국의 초대 국왕을 지낸 클로비스에 대한 전설이 하나 있다.

어느 날 결전을 앞두고 있던 클로비스가 시종에게 갑옷을 부탁했다. 시종이 가져온 갑옷에는 원래 있던 초승달 무늬 대신 백합 무늬가 그려져 있었다. 네 번이나 갑옷을 바꿔왔지만 마찬가지였다. 할 수 없이 백합 무늬 갑옷을 입고 나간 클로비스는 전쟁에 승리했다.

기독교인이었던 클로틸드 왕비가 "백합무늬를 이용해 전쟁에 나서면

승리할 것이다"라는 신의 계시를 받고 갑옷에 백합무늬를 그려 넣게 한 것이다. 이때부터 클로비스는 신에게 선택받은 왕이며, 그의 후손인 프랑스 국왕도 신에게 선택받은 존재라는 의식이 싹텄다. 그 상징이 클로비스의 백합무늬를 그대로 새긴 프랑스 왕가의 문장이다.

또한 클로비스가 가톨릭으로 개종한 후 기름부음을 받아 왕으로 선택 받았다는 전설도 있다. 이후 새로운 왕은 랭스 대성당(노트르담 대성당)에서 거행되는 역대 프랑스 국왕의 대관식에서 기름부음을 받아 왕으로 인정 받는다는 관념이 생겼다. 기름부음을 받음으로써 왕이 신의 능력을 얻는다고 믿은 것이다. 유럽에서는 신의 선택을 받은 왕이 연주창(경부 림프샘이 붓는 결핵성 질환) 환자를 만지면 신적 능력으로 치유된다는 믿음이 있었다. '연주창 치료'의 전통은 중세 클로비스 시대 이후 근세까지 유럽 각지에 남아 있었다.

신에게 선택받은 왕, 신적 능력을 지닌 왕이라는 관념이 발전하여 근세에 등장한 것이 왕권신수설이다. 태양왕 루이 14세를 섬기며 왕권신수설을 주창한 프랑스의 신학자 자크 베니뉴 보쉬에는 저서 『세계사 서설』(1685년)에서 "신은 국왕을 사자로 두며, 국왕을 통해 인간을 지배한다. (중략) 국왕의 인격은 신성하며 그를 거역하는 것은 곧 신을 모독하는 것이다"라고 말한다. 왕권신수설의 본질을 단적으로 보여주는 부분이다.

이렇게 인간이 인간을 지배할 때, 지배하는 쪽은 인간을 초월하는 존재에게 부여받은 신적 권위가 반드시 필요하다.

종교 세력의 균형

프랑스 남서쪽은 이탈리아, 스페인 등의 가톨릭 영역이었고 북동쪽은 네덜란드, 독일, 영국 등의 프로테스탄트 영역이었다. 프랑스는 지정학상 구교와 신교 사이에 끼어 두 세력이 충돌하는 무대가 되었다.

두 세력의 종교 대립에 귀족들의 정치 투쟁이 결합되어 일어난 전쟁이 1562년에 시작된 위그노 전쟁이다. '위그노'는 프랑스 칼뱅파를 지칭하는 말로, '동맹자'라는 뜻의 독일어에서 유래한다. 위그노교도는 다른 나라와 마찬가지로 대부분 부르주아 상공업자들이었다.

당시 스페인이 가톨릭 측을 지원하고 영국이 위그노 측을 지원하면서 전쟁은 국제 분쟁으로 발전했다. 혁신파 귀족 앙리 4세는 위그노와 연합하여 가톨릭 보수파에게 승리했다. 그는 왕위에 올라 부르봉 왕조를 세우고 중앙집권을 추진했다.

앙리 4세는 위그노의 지원을 받았음에도 프랑스 국민 대다수가 가톨릭 신자인 점을 배려하여, 위그노에서 가톨릭으로 개종했다. 1598년에는 낭트칙령을 공포하여 위그노 칼뱅파의 신앙적 자유를 인정함으로써 신교와 구교의 균형을 잡았다. 낭트칙령은 종교 세력의 균형을 잡는 데 효과적인 정치 전략이었다. 앙리 4세는 가톨릭의 통합력을 체제 유지의 기반으로 삼은 동시에, 위그노 상공업자의 경제력을 손에 넣은 것이다.

앙리 4세에 의해 국내 정세가 안정되자 후계자인 루이 13세, 루이 14세는 외교에 힘을 기울였다. 프랑스 부르봉 가문의 기본적인 외교 방침은 반합스부르크였다. 당시 합스부르크 가문은 스페인, 플랑드르(벨기에),

독일, 오스트리아를 지배하고 있었는데, 프랑스가 합스부르크 세력에 포위된 모양이었다.

프랑스 국왕은 내부 결속을 위해 합스부르크라는 외적의 위협을 필요 이상으로 부풀렸다. 루이 13세 때 재상 리슐리외는 30년전쟁에 개입해서 합스부르크에 저항하던 신교 세력을 지원해 합스부르크를 패배로 몰아넣었다. 태양왕 루이 14세도 평생에 걸쳐 합스부르크와 전투를 벌인 끝에, 1713년에 합스부르크령 스페인을 차지했다.

위그노교도의 왕권 유착

위그노교도는 낭트칙령에 의해 신앙의 자유를 인정받았다. 하지만 부르주아 상공업자 중에는 가톨릭을 신봉하는 왕권과의 유착을 위해 가톨릭으로 개종하는 자가 적지 않았다.

프랑스는 왕정의 감독 하에 지방의 중소기업체를 재편·통합하여, 합자 형태의 대규모 관제 공장으로 만들었다. 그리고 이러한 관제 공장에 한해서만 경영을 인정하여 독점 이윤을 보장했다. 부르주아 상공업자들은 관제 공장이라는 거대 조직의 수족으로서 국가의 산업 역군이 되었다. 이 과정에서 신앙을 고집하기보다 왕권에 협조하는 것이 이득이라는 계산을 하고 천주교로 개종하게 된 것이다.

루이 14세 때의 재무총감 콜베르(재임 1661~1683년)는 까다로운 산업 규제를 내세웠다. 규제안을 잘 따르는 업자들에게는 독점권을 부여하여 거액의 이익을 안긴 한편, 신규 업체의 진출은 엄격히 제한했다. 프랑스

각지의 공업 생산물 거래는 도
시에 설치된 관제 시장에서 일
괄 취합한 후, 행정청을 통해 세
부 검사를 실시했다. 독점권을
얻은 업자들은 그 대가로 왕정
에 거액의 상납금을 바쳤다.

낭트칙령을 폐지한 진짜 이유

1685년 루이 14세는 낭트칙령
폐지를 선언하며 위그노의 신
앙의 자유를 부정했다. 일반적
으로 스페인 펠리페 2세의 가
톨릭 정책 강화가 칼뱅파 상공
업자들의 대량 망명을 부추겨

장 바티스트 콜베르(클로드 르페브르 그림, 1666년, 베르사유 궁전 소장)
프랑스 근대 산업 부흥의 일등 공신이다. 위그노 전쟁 이후 계속된
종교 대립은 경제 발전으로 인해 자연히 해소되있다. 콜베르는 국
내 신산업을 육성하는 한편 동인도회사의 운영에 힘썼고 해외 무
역과 식민지 시장 개척을 추진했다.

스페인 산업이 정체되었듯이, 프랑스도 낭트칙령 이후 많은 위그노가 해
외로 망명하여 프랑스 산업이 정체기에 들어섰다고 설명한다. 즉 루이
14세가 펠리페 2세의 전철을 밟아 실패했다는 것이다. 그런데 꼭 그렇지
만은 않다.

　루이 14세 시대에는 왕정의 주도로 산업이 재편되는 과정에서 상공
업자 대부분이 가톨릭으로 개종했고, 위그노교를 고수한 상공업자는
많지 않았다고 한다. 그러한 측면에서 루이 14세의 낭트칙령 폐지는 펠

리페 2세의 가톨릭 정책처럼 산업 정체에 결정적 영향을 미친 것은 아니었다.

그럼에도 당시 프랑스의 위그노 상공업자는 이웃 프로테스탄트 국가로 망명했다고 한다. 특히 프로이센(독일의 전신)이 위그노들을 적극 수용했으며, 망명한 상공업자들이 베를린 수공업을 이끌었다.

루이 14세는 왕정의 가톨릭 정책에 따르지 않는 위그노교도를 잠재적 반역자로 간주했다. 그래서 칙령에 따르지 않는 위그노교도들에게 노예 노동을 강요하는 등 가혹한 탄압을 가하기도 했다. 그는 '열성적인 가톨릭 수호자'를 자처했지만 스페인의 펠리페 2세만큼 독실하지는 않았다. 낭트칙령 폐지는 종교적 의도라기보다 왕권 강화라는 정치적 의도에서 이루어진 측면이 컸다.

루이 14세 통치 후반기에 프랑스 상공업 발달이 정체된 것은, 왕정의 산업 통제로 특권을 얻은 일부 부르주아 상공업자들이 부를 독식하여 사회 전체가 기득권화되고 경직되었기 때문이다. 뿐만 아니라 루이 14세는 잦은 대외 전쟁으로 재정이 악화되자, 과도한 세금을 부과하여 재정을 충당했다. 그것이 산업 전반에 제동을 걸어 사업이 잇따라 축소되거나 폐지되었다.

한편 성직자들을 가톨릭 보호정책에 따라 각종 면세 특권을 유지했다. 중세시대 이래 계속된 가톨릭교회의 십일조 징수도 계속 유지되는 등 사실상 교회의 영주 지배권이 용인된 것이다. 이러한 시속적 특권은 중하층 계급의 반발을 낳았고, 훗날 프랑스 혁명의 불씨가 되었다.

교회 재산의 증권화

18세기 후반 재정난의 한계에 부딪힌 프랑스 왕실은 재원의 확보를 위해 교회의 재산을 노렸다.

1789년 파리에서 폭동이 발생하여 프랑스 혁명이 시작되자, 국왕 루이 16세는 의회 개최를 승인하고 의회에 사태 수습을 맡겼다. 1790년 의회는 파탄 직전의 재정을 재건하기 위해 성직자 민사기본법을 제정했다. 프랑스 가톨릭교회의 조직과 재산, 징세권, 인원을 국가가 직접 관리한다는 내용이었다. 왕실 재정을 보전하려면 교회를 수탈하는 수밖에 없었다. 이에 성직자들은 이를 종교 탄압으로 받아들이며 거세게 반발했다.

당시 교회의 재산은 6억 리브르(옛 프랑스 통화 단위)로, 프랑스 왕실의 연간 수입보다 5억 리브르나 많은 금액이었다. 의회는 교회 재산을 담보로 '아시냐'라는 채권을 발행한다. 아시냐는 리브르 대신 지폐로 사용됐다. 의회는 신용 불안으로 발생한 인플레이션을 아시냐로 해결하려 했지만, 당시 왕실 재정은 부채가 막대했다. 또한 의회도 매우 불안정한 상태였기 때문에 의도대로 되지 않았다.

1792년에 오스트리아를 비롯한 주변국과 알력다툼을 벌이다 혁명전쟁이 발발하자, 의회는 전쟁 자금을 마련하기 위해 아시냐 발행을 남발했다. 이때 물가 통제령과 아시냐를 액면가대로 통용시키지 않은 경우의 처벌 규정을 마련했으나 효과가 없었다. 아시냐의 가치가 리브르와 함께 폭락하며 인플레이션은 계속되었다.

재산을 빼앗긴 교회도 가만히 있지 않았다. 프랑스의 성직자들은 교

도표 23-1 _ 아시냐의 운용

教회 재산 → 아시냐

가치보증 증권화

국유화
성직자 민사기본법

그러나 신용을
얻지 못하고 폭락

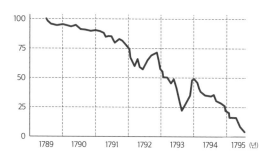

황과 결탁하여 의회를 강력하게 비판했다. 그들은 교황의 권위를 등에
업고 독실한 일반 신도들에게 "신앙이 위협받고 있다"고 설교하며 교묘
하게 선동했다. 특히 신앙심 깊은 지방 농민층은 성직자들의 설교에 과
격한 반응을 보이며 반란을 일으켰다. 대표적인 예가 프랑스 남서부 방
데 지방에서 일어난 농민 반란이다. 처음에는 파리에서만 일어났던 반
란이 순식간에 프랑스 전역으로 확산되었다. 여기에 왕정을 지지하는 보
수 귀족층까지 가세하여 거대한 세력이 형성되었다. 그 선동의 배후는
성직자들이었다.

혁신파 의회도 급진적으로 변하여 국왕을 처형하는 등 보수 세력을

철저히 탄압했다. 이로써 프랑스는 보수파와 진보파의 '피로 피를 씻는' 내전 상황에 빠지게 된다.

종교에 대항하는 지도자는 멸망한다

혁명파 인사 자크 르네 에베르는 말솜씨가 뛰어났다. 에베르는 보수파의 배후에 교회 세력이 있다는 것을 심각하게 여기고, 교회를 해체하려고 했다. 신의 존재가 개혁에 장애가 된다면 신을 부정해야 한다고 주장했고, 신 대신 인간의 이성을 존중하자며 반가톨릭 운동을 전개했다. 그 일련의 운동을 '이성 숭배'라고 한다.

에베르의 주장은 혁명파에 깊숙이 파고들었다. 1793년 공화제를 수립한 혁명파는 가톨릭색이 강한 그레고리력을 폐지하고 혁명력을 제정했다. 혁명공화국이 신을 대신해 시간을 관장하며 모든 것을 지배하겠다는 의지를 드러낸 것이다. 혁명파는 비과학적이라는 이유로 종교를 부정했고, 합리주의자를 육성하여 자신들의 사상을 사회에 보급하려고 했다. 이성과 과학을 통한 번영을 꿈꾼 것이다.

에베르는 합리주의자들의 공감을 얻으며 조금씩 정치 파벌을 형성했다. 1794년 같은 혁명파 지도자 막시밀리앙 로베스피에르는 에베르의 세력 확장에 위협을 느껴 그를 처형했다. 죄목은 '셔츠 절도'였다.

로베스피에르는 에베르를 처형한 후 가톨릭 부정 노선을 답습하며 기독교 신을 대신할 '최고 존재'를 내세웠다. '최고 존재'란 합리주의의 정신이자 혁명의 이념이며 공화국의 이상형이었다. 결국 프랑스 혁명은 근대정신에 입각하여 가톨릭 기독교의 가치관을 부정하는 사상투쟁의 형태를 띠게 되었다.

도버 해협 건너편의 영국에서 프랑스 혁명의 비극적 파국을 예견한 인물이 있었다. 바로 에드먼드 버크이다. 그는 『프랑스 혁명에 관한 성찰』 이라는 저서에서 프랑스 혁명은 인공적인 이성을 절대시하고 기존의 관습과 교회 제도를 부정함으로써, 결국 혼란에 빠질 것이라고 경고했다.

버크는 어느 한 세대의 지력으로는 개혁할 수 없는, 자연적으로 발전한 관습법(코먼 로)과 도덕이 존재한다고 주장했다. 종교도 그러한 것 중의 하나다. 오랜 제도와 전통과 관습은 어떤 필연성에 따라 지켜져 온 것이기 때문에 무너뜨릴 수 없으며, 억지로 파괴하려 하면 사회가 혼란에 빠진다고 경고했다.

에드먼드 버크(조슈아 레이놀즈 그림, 1770년경, 영국 국립초상화미술관 소장) 18세기 영국의 정치인이자 사상가이다. 아일랜드 더블린에서 태어났으며 하원의원과 휘그당 지도자로 활약했다. 근내사회의 이성만능주의에 반발했다. 전통과 관습을 중시하는 입장에서 종교가 해야 할 역할에 대해 논했다.

버크의 말대로 프랑스 혁명은 혼란에 빠졌다. 로베스피에르의 철저한 합리주의 정치는 거센 반감을 샀다. 그는 반대자를 단속하기 위해 공포정치를 펼쳤다. 하지만 국민 대다수가 가톨릭의 부활과 안정을 바랐기 때문에 급진적인 로베스피에르는 고립되어 갔다. 그는 결국 처형당했다.

이후 프랑스 정치는 대혼란을

겪으며 기능을 상실했다. 그러한 프랑스를 막강한 군사력으로 구제한 인물이 나폴레옹이었다. 나폴레옹은 가톨릭의 부활을 인정하고, 안정을 바라는 민중의 요구를 수용했다. 그는 가톨릭으로 국민을 통합하는 것이 최선책임을 간파했다.

종교에 대항하는 지도자는 멸망하고 종교를 이용하는 지도자는 흥한다. 이것이 바로 정치의 보편 원리이다.

Chapter 24

동방정교회의 총주교,
러시아 황제

g지역 : 대항
러시아·발칸 국가들의 동방정교회

성화를 우상숭배로 여기지 않은 이유

러시아 및 발칸 국가 교회에서는 이콘 경배가 성행했다. '이콘'은 그리스
어 '에이콘(eikon)'에서 온 말로 '이미지'를 뜻한다. 이콘은 성모자상처럼
성인을 그린 성화(聖畵, 기독교 종교화)인데, 신도들은 교회에서만 이콘에 경
배하는 것이 아니라 일반 가정에서도 경배를 드렸다. 손님은 주인과 인
사하기에 앞서 집에 놓인 이콘에 먼저 절하는 것이 관례였다.

비잔틴 제국의 황제 레온 3세는 726년 성상 금지령을 내린 것으로 유
명하다. 그런데 비잔틴 제국 정교회의 흐름을 계승한 러시아 정교회에서

는 어떻게 이콘 경배가 성행했을까?

7세기, 비잔틴 제국 공략에 나선 이슬람교 세력은 기독교도의 이콘 경배를 후진적이고 사이비적이라며 비웃었다. 이슬람교가 번성하기 전 아라비아반도에서는 우상숭배의 주체인 다신교를 신봉하여, 원시 종교 특유의 혼돈이 오랜 시간 계속되고 있었다. 이슬람교도들은 이슬람교가 탄생함으로써 그러한 혼돈의 어둠에서 구원받았다고 믿었다.

『블라니미르의 성모』(트레티야코프미술관 소장) 이콘 최고의 걸작으로 평가받고 있으며, 성 루카가 그린 것으로 알려져 있다. 예수에게 닥칠 수난을 예견한 성모가 탄식과 함께 '엘레우사(자비)'의 표정을 짓고 있다.

이슬람교의 엄격한 우상숭배 금지 규범에 영향을 받아 비잔틴 제국 동쪽의 소아시아와 시리아, 아르메니아 주민들이 우상숭배 금지를 주장하면서 성상숭배 논쟁이 일어났다. 실제로 성경에도 우상 숭배를 금지하는 내용이 있다. 이러한 상황에서 레온 3세의 성상 금지령이 발포되었다. 이후 성상파괴운동(이코노클라즘)이 본격적으로 시작되었고, 이에 반대하는 교회와 성직자들은 극심한 탄압을 받았다.

성화상을 파괴하는 이코노클라즘(iconoclasme)에 저항하는 보수파와 이콘 옹호파의 투쟁도 만만치 않았다. 8세기 후반에 이콘 옹호파가 득세하자, 787년 콘스탄티노플 총주교가 개입하여 이코노클라즘을 이단으로 규정했다. 하지만 이코노클라즘을 지지하는 비잔틴 황제와 이콘 옹호파를 지지하는 콘스탄티노플 총주교의 투쟁은 멈추지 않았다. 결국 이콘 옹호파가 대세를 이루면서 843년에 제국은 이콘 경배를 공식으로 인정했다. 이후에 동방정교회의 이콘 문화가 정착하게 되었다.

이콘 옹호파는 이콘 경배가 신의 '원래 모습에 대한 경배'라는 이론을 주장했다. 즉 그림 자체를 숭경하는 것이 아니라, 이콘에 그려진 신의 영혼을 숭경한다는 것이다. '연인의 그림'이 아닌 '그림 속 연인의 존재'를 사랑하는 것과 같기 때문에 이콘 경배는 우상 숭배가 아니라는 주장이다. 그 때문에 이콘에 대해서는 '숭배'가 아니라, '경배'나 '숭경'이라는 표현을 사용한다. 우상 숭배의 뉘앙스를 풍기지 않으려는 것이다.

또한 예수를 그리는 것은 보이지 않는 신을 상상해서 그리는 우상과는 다르다고 주장했다. 보이지 않는 신이 예수라는 사람의 형상으로 세상에 나타나 사람들에게 보이게 되었기 때문에, 그 모습을 그리는 것은 결코 우상이 아니라고 생각한 것이다.

비잔틴 하모니를 이룬 동방정교회

동방정교회는 기독교 교회에서 로마 가톨릭을 제외한 동유럽 지역 교회의 총칭이며, '그리스 정교'라고도 한다. 시유럽에서 유래한 이 명칭은 가톨릭에 대한 그리스 지방의 정교라는 뜻이지만, 동유럽 스스로 '그리스 정교'라는 표현을 사용한 적은 없다. 그들은 자신들의 가르침을 정통 기독교라 믿으며 '정교'라 불렀다. 또한 서유럽에서는 '슬라브 정교'라는 명칭도 사용했는데, 이는 정교에 사용된 언어가 그리스어와 여기서 파생된 키릴 문자였기 때문이다. 동방정교회는 고대 교회의 전통을 철저히 계승했기 때문에 원시 기독교 형태가 남아 있었다.

로마제국 시대에 이르러 제국 내부는 크게 5개 교구로 나뉘졌다. 중심 도시는 예루살렘, 알렉산드리아, 안티오키아, 콘스탄티노플, 로마였으며 각각 총주교가 있었다. 로마 총주교는 사도 베드로의 후계자로서 다른 주교와 구별하여 스스로를 교황이라 칭했다.

395년 로마제국이 동서로 분할되었다. 이 분할로 로마 교구만 서쪽에 포함되었고 그 외에는 동쪽(동로마 제국=비잔틴 제국)에 포함되었다. 즉 로마제국 분할 이후 동방정교회가 압도적인 세력을 갖게 된 것이다. 동쪽의 예루살렘, 알렉산드리아, 안티오키아, 콘스탄티노플의 총주교들은 각각 독립해서 대등한 입장이었다. 하지만 비잔틴 제국의 수도가 콘스탄티노플로 정해지자, 비잔틴 황제의 후광을 등에 업은 콘스탄티노플 총주교가 사실상 우위에 서게 되었다. 콘스탄티노플 총주교의 임면에 비잔틴 황제가 개입하면서, 비잔틴 황제는 사실상 총주교 위에 서는 존재가 되었다. '황제교황주의', 즉 황제가 속권과 성권을 모두 갖는 군림 체제가 구축된 것이다.

서유럽은 신성로마제국 황제가 성직 서임권 문제를 놓고 교황과 첨예하게 대립했다. 반면에 비잔틴 황제와 콘스탄티노플 총주교 사이에서는

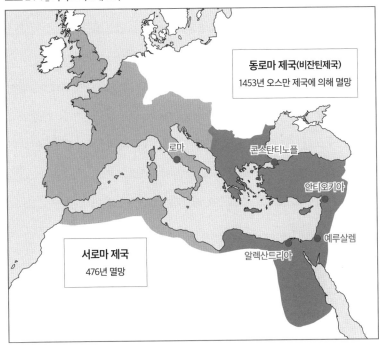

도표 24-1 _ 기독교의 5개 교구

동로마 제국(비잔틴제국)
1453년 오스만 제국에 의해 멸망

로마

콘스탄티노플

안티오키아

예루살렘

알렉산트리아

서로마 제국
476년 멸망

그러한 관계가 성립되지 않았다. 이는 비잔틴 황제가 교회 감독권(인사권 포함)을 쥐고 있었기 때문이다. 황제와 총주교의 화합을 소위 '비잔틴 하모니'라고 하는데, 나쁘게 말하자면 그것은 유착이었다.

395년 로마제국이 분할된 후 동서 교회의 교류는 소원해졌고 교리 해석, 예배 방식 등의 차이로 대립하게 된다. 특히 교황이 기독교의 최고 제시지인 양 행동하자, 콘스단티노플 총주교가 크게 반발한다. 1054년에 이르러 동서 교회가 서로를 파문하면서 완전히 분열되었다.

정교회의 맹주가 된 러시아 정교회

동방정교회는 9세기경까지 발칸반도와 동유럽, 아르메니아에 정착했다. 종교 세력권이 확장되면서 러시아 정교회, 세르비아 정교회, 루마니아 정교회, 불가리아 정교회, 그루지야 정교회 등이 창설되었다. 모두 동방정교회의 지부 같은 존재이다. 각 교회는 대주교를 세웠고, 이를 콘스탄티노플 총주교가 총괄했다. 그러나 10~11세기에 비잔틴 제국이 힘을 잃자, 각 정교회는 콘스탄티노플 총주교의 영향권에서 벗어나 독립했다. 대주교들은 콘스탄티노플 총주교에게 대항하며 총주교를 자처했다.

1453년 이슬람의 오스만 제국이 콘스탄티노플을 함락해 비잔틴 제국을 멸망시켰다. 이후 발칸은 오스만 제국의 지배 아래 놓이게 된다. 그러나 콘스탄티노플 총주교는 없어지지 않았고, 동방정교회도 계속 허용되었다. 총주교좌가 있는 하기아 소피아 대성당(아야 소피아)은 이슬람교 사원인 모스크로 개조되었지만, 오스만 제국은 정교도에 대해 관대한 종교 정책을 펼쳤다.

그러나 비잔틴 제국의 멸망으로 콘스탄티노플 총주교의 권위는 완전히 실추되었다. 이후 각 지역 정교회 중에서도 가장 영향력 있는 러시아 정교회가 동방정교회의 실질적 지도자가 되었다.

모스크바 대공국의 이반 3세는 1472년 비잔틴 황제를 계승하며 스스로를 차르(황제)라 불렀다. 그는 차르의 권위를 위해 동방정교회를 실질적으로 지배하는 종교 군주로서의 지위가 필요하다고 판단하고, 러시아 정교회에 개입했다. 16세기에 러시아 정교회의 대주교는 콘스탄티노플 총주교에게 정식으로 총주교 지위를 인정받았다. 이후 러시아 정교회의 대주교는 '모스크바 총주교'라고 불렸다. 이 모스크바 총주교는 차르의 감독을 받았다. 그리고 차르의 지위와 종교 감독권은 로마노프 왕조 황제에게 인계되었다.

동방정교회의 최고 제사자인 러시아 황제

1613년 러시아 귀족이었던 로마노프 가문의 미하일 로마노프가 귀족회의를 거쳐 차르로 선출되었다. 미하일은 당시 16세 소년이었기 때문에 그의 아버지 필라레트 로마노프가 실권을 잡고 정무를 지휘했다. 1619년 필라레트 로마노프가 모스크바 총주교 자리에 올랐다. 그는 종교 권위를 이용하여 단숨에 황제의 권한을 강화했다. 또한 모스크바 총주교가 황제에게 종속되도록 제도를 개혁했다.

로마노프 왕조의 5대 황제인 표트르 1세는 1721년 교회 개혁을 단행하여 총주교좌를 폐지했다.(모스크바 총주교좌는 1917년 러시

표트르 1세(폴 들라로슈 그림, 1838년, 함부르크미술관 소장) 러시아의 후진성을 자각한 표트르 1세는 황제의 신분으로 직접 유럽 각국을 시찰하며 산업과 군제의 근대화 개혁을 실시했다. 그가 추진한 개혁 중 가장 거센 저항에 부딪힌 것은 러시아 정교회에 대한 통제 강화였다.

아 혁명으로 로마노프 왕조가 붕괴된 직후 부활). 그리고 시노드(종무원)라는 종교 감독청을 설치해 황제의 종교 통제권을 강화했다. 표트르 1세의 개혁으로 러시아 황제는 사실상 러시아 정교회의 총주교 역할을 맡았다. 그런 의미에서 러시아 황제는 동방정교회의 최고 제사자로 군림하게 되었다. 신성로마제국의 합스부르크 황제나 독일 황제와 달리, 러시아 황제는 종교 군주이기도 했던 것이다.

러시아 황제는 19세기 후반부터 20세기에 걸쳐 발칸 일대에 '범슬라브주의'라는 민족 연대를 내세우며 독일, 오스트리아의 '범게르만주의'에 대항했다. 그는 동방정교회 신봉 세력들의 종교 결속이기도 했던 이 연대를 통해, 정교회의 종교 군주로서 지도력을 발휘했다. 두 세력의 대립은 '발칸 문제'라는 심각한 사태를 야기했고, 두 차례의 발칸전쟁을 거쳐 제1차 세계대전이 되었다.

소비에트 정권과 모스크바 총주교

러시아 정교회의 주교였던 티혼은 제정시대에 폐지된 모스크바 총주교좌를 부활시켜야 한다고 주장한다. 1917년 러시아혁명 이후 티혼의 주도로 총주교좌가 부활되었고, 본인이 선출되어 총주교에 취임했다. 그러나 소비에트 정권은 이를 인정하지 않았고, 러시아 정교회를 보수파의 본거지로 간주하며 탄압했다. 공산주의자는 전 세계 공통적으로 종교 권위를 혐오한다. 인민을 괴롭히는 전제 지배가 종교에 대한 맹신에서 시작된다고 여기기 때문이다.

모스크바 총주교 티혼과 주교들(1917년, 러시아 정교회 최고간부회의에서) 정면 앞줄 오른쪽에서 세 번째가 티혼이다. '티혼'은 수도명이며 본명은 바실리 이바노비치 벨라빈이다.

티혼은 소비에트 정권에 의해 총살된 황제 니콜라이 2세 일가를 위해 위령제를 지냈다. 정권의 주요 인사들은 이 일에 분노했고 정교회를 더욱 탄압하며 주교와 사제, 수도사와 수녀 수천 명을 처형했다. 소비에트 정부는 러시아 정교회를 약탈하고 봉신례에 사용하는 귀금속으로 만든 성기물을 몰수했다. 대외적으로는 그 물건들을 기근 구제에 사용했다고 했으나, 레닌은 정부가 외화를 마련하는 데 썼다고 공언했다.

레닌의 측근 레온 트로츠키는 티혼의 사형을 주장했지만, 강경책에 반대하는 내부 의견이 많아 실현되지 않았다. 대신 티혼은 유폐되었다. 그는 소비에트 정권과 협상을 거듭하며 러시아 정교회를 지키는 데 힘썼다. 1925년 티혼이 사망한 후, 소비에트 정권은 모스크바 총주교좌를 공석으로 둔 채 후임을 허용하지 않았다. 그리다가 스탈린이 1943년 제2차 세계대전 중 내부 화합을 위해 보수파와 타협하고 총주교좌의 부활을

도표 24-2 _ 러시아 혁명 이후의 역대 모스크바 총주교

총주교명	재위 기간
티혼	1917~1925년
세르지오 1세	1943~1944년
알렉세이 1세	1945~1970년
피멘 1세	1971~1990년
알렉세이 2세	1990~2008년
키릴 1세	2009년~

용인했다. 그리하여 총주교좌는 세르지오 1세부터 지금의 키릴 1세까지 명맥을 유지하고 있다.

Chapter 25

동유럽 슬라브권에서
가톨릭을 신봉한 이유

h지역 : 종속
동유럽의 가톨릭

동방정교회를 공유한 슬라브인

유럽인은 크게 라틴족, 게르만족, 슬라브족으로 나뉜다. 독일인과 북유럽
인은 게르만족, 이탈리아인과 프랑스인은 라틴족, 러시아인과 동유럽인
은 슬라브족으로 분류된다. 이는 언어에 따른 구분이며 문화와 관습, 종
교로 분류되기도 한다. 종교를 기준으로 하면 라틴족은 가톨릭, 게르만
족은 프로테스탄트, 슬라브족은 동방정교회, 이렇게 기독교 3대 분파로
나눌 수 있다.

동방정교회 지역에서는 기독교와 함께 슬라브어가 파생되었다. 슬라

도표 25-1 _ 유럽의 민족 분포와 종교

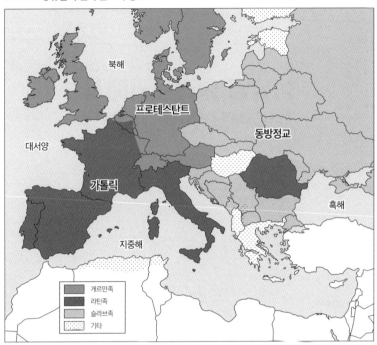

브어는 9세기에 '슬라브인의 사도' 키릴로스 형제가 동유럽 슬라브인들에게 정교를 포교하면서 확산되었다. 비잔틴 제국의 그리스인 신학자였던 형제는 문자가 없는 슬라브족을 위해, 그리스어로 표기하는 슬라브어 문자를 고안하여 정교를 포교했다. 이것이 키릴 문자라는 이름으로 러시아 및 발칸반도 국가의 언어가 되었다.

즉 슬라브족은 동방정교회와 함께 슬라브어를 수용한 사람들이다. 그러므로 그 언어와 문화는 종교적 토대 위에 형성된 셈이다. 키릴로스 형제의 노력으로 발칸반도의 세르비아, 크로아티아, 동유럽의 러시아, 폴란드, 체코에 동방정교가 널리 전파되면서 비잔틴 제국의 지배권이 더욱 확대되었다.

슬라브(slav)는 영어의 '슬레이브(slave)', 즉 '노예'를 뜻한다. 고대 그리스인이 발칸반도 북부에 와서 처음 만난 슬라브족에게 "너희들이 쓰는 언어는 무엇이냐?"라고 묻자 "슬라브"라고 답한 것이다. 슬라브의 원뜻은 '언어'이다. 그리스인은 그들을 슬라브족이라 부르며 노예로 삼았다. 그래서 '슬라브'는 '노예'와 동의어가 되었고, 라틴어와 영어에서도 같은 뜻으로 사용되었다.

폴란드와 헝가리가 가톨릭을 수용하게 된 정치적 배경

동유럽은 비잔틴 제국의 동방정교회에서 문화적·종교적 영향을 받았으나 10세기 후반부터 천주교 개종 움직임이 나타났다. 비잔틴 제국의 시대가 저물고 가톨릭을 신봉하는 독일 세력, 즉 신성로마제국이 대두했기 때문이다. 동유럽은 신성로마제국에 접근하는 과정에서 가톨릭으로 개종했다.

960년 폴란드에서 성립한 피아스트 왕조는 신성로마제국에 접근하면서 가톨릭으로 개종했다. 역대 왕들의 열성적인 가톨릭 신봉에 따라 폴란드는 점차 가톨릭 국가로 변모했다. 19세기에 러시아령이 된 이후에도 폴란드의 가톨릭 신앙은 흔들리지 않았다. 오히려 리시아 성교에 저항하는 정신적 바탕을 이루면서 신앙이 더욱 깊어졌다. 폴란드는 러시아 혁명이 한창이던 1918년에 독립했다. 현재 폴란드의 국교는 가톨릭이며 국민의 90%가 가톨릭교도이다.

헝가리에서는 아시아계 마자르족이 국가 통일을 추진, 11세기에 헝가리 왕국을 세우고 가톨릭을 받아들였다. 마자르족은 헝가리에서 큰 비중을 차지하는 독일계 주민들과 동화를 도모하고 종교적으로 결속하면서 왕국을 형성했다. 14세기 후반, 헝가리 왕국은 혼인을 통해 신성로마제국에 편입되었다. 현재 헝가리의 가톨릭 신자는 전체 인구의 약 60%, 프로테스탄트는 20%로 추산된다. 중세에는 신성로마제국, 근세 이후에는 오스트리아 합스부르크 가문 지배 아래 있었던 헝가리는 1918년 오스트리아가 제1차 세계대전에서 패배한 후 독립했다.

종교전쟁이 끊이지 않은 체코와 슬로바키아

체코와 슬로바키아에서는 슬라브족 체코인이 모라바는 공동 국가를 건설 중이었다. 10세기 초 체코인은 뵈멘 왕국(보헤미아 왕국)을 세웠으나, 11세기에 신성로마제국령으로 편입되어 가톨릭으로 개종하게 되었다. 14세기에 뵈멘 왕국의 후대가 끊기자 신성로마제국 황제 카를 4세는 카렐 1세로서 뵈멘 왕을 겸하게 된다. 카를 4세는 왕도 프라하를 정비하고 프라하 대학을 창설했다. 프라하 대학은 신성로마제국 최초의 대학으로 신학 연구가 매우 활발했다.

15세기에 프라하대학교 신학 교수 얀 후스는 영국의 신학자 존 위클리프에게 영향을 받고 로마 가톨릭교회를 공격한다. 뵈멘의 독립 의지가

『그룬발트 전투』의 일부(얀 마테이코 그림, 1878년, 바르샤바국립미술관 소장) 반 가톨릭 전쟁이었던 후스전쟁은 15년 이상 지속되었다. 결판이 나지 않아서 결국 화약을 맺고 잠시간 후스파는 신앙의 자유를 쟁취했다. 하지만 이 타협은 훗날 30년전쟁의 발단이 된 뵈멘 신교도의 반란으로 이어진다. 그림 중앙의 인물은 후스파를 이끈 영웅 얀 지슈카이다.

후스에 의해 종교적 열정과 결합되는 사태에 이르게 되자, 이를 대처하기 위해 1414년 신성로마제국 황제 지기스문트(카를 4세의 아들)의 주최로 콘스탄츠 공회의가 개최되었다. 공회의는 후스를 이단으로 규정하고 화형에 처했다. 신성로마제국의 탄압이 더욱 거세지자 체코인은 반란을 일으켰고, 1419년에 후스전쟁이 일어난다. 지기스문트는 과격파 진압에 성공했지만 결국 화약을 맺었다. 이후에도 신성로마제국 지배는 계속되었다.

종교개혁의 영향으로 16세기에 루터파 신교도가 급증했다. 17세기에 신성로마제국 황제 페르디난트 2세가 가톨릭을 강요하자, 1618년에 뵈멘에서 반란이 일어나 30년전쟁의 원인이 되었다. 이후에도 신성로마제국(오스트리아)은 계속해서 뵈멘 왕국을 지배했다.

신성로마제국의 가톨릭 강요로 후스전쟁, 30년전쟁 등의 종교전쟁이 일어났으나 결국 뵈멘에서는 프로테스탄트가 아닌 가톨릭이 정착하게 되었다. 현재 체코와 슬로바키아 인구 대부분은 가톨릭이며 프로테스탄트 인구는 10% 미만이다. 1918년 제1차 세계대전에서 오스트리아가 패한 후, 마침내 뵈멘은 체코슬로바키아 공화국으로 독립했다(1993년에는 체코와 슬로바키아로 분리).

Chapter 26

미국 사회를 움직이는
복음파 메가처치

i지역 : 분리
미국의 청교도주의

본 어게인이란?

미국은 메가처치(Megachurch)라는 프로테스탄트 교회가 있다. 주말마다 수만 명의 신도들이 콘서트홀 같은 대형 교회에 모여 카리스마 있는 목사를 열광적으로 맞이하며 예배를 드린다. 미국 전역에 이러한 메가처치가 1,300개 이상 있으며 신도도 날로 증가하고 있다.

메가처치는 특히 미국 남부와 중서부에 집중되어 있는데, 이 일대를 이른바 '바이블 벨트(Bible Belt)'라고 한다. 메기치치를 운영하는 프로테스탄트 교회는 사회적으로도 막강한 영향력을 행사한다. 엄청난 집표력과 자금력으로 거액의 정치 자금을 내며 대통령 선거를 좌우하기도 한다. 2016년 대선에서는 트럼프 대통령을 대신해 마이크 펜스 부통령이 종교계 표를 확보하기도 했다.

펜스 부통령은 아일랜드계 가톨릭 가정 출신이었으나 프로테스탄트 교도 아내와 결혼하면서 개종했다. 신앙심이 두터운 펜스 부통령은 술을 마시지 않으며 아내 이외의 여성과 단 둘이 식사하는 일조차 없다. 그는 낙태 금지법 등 보수 기독교층을 겨냥한 공약을 내걸어 프로테스탄트와 가톨릭계의 표를 얻어냈다. 또한 트럼프 대통령의 딸 이방카 트럼프는 유대인인 재러드 쿠슈너와 결혼하면서 유대교로 개종했다. 트럼프 정권이 유대교 세력의 지지를 얻을 수 있었던 것은 이러한 배경 때문이었다.

미국의 프로테스탄트 중 복음파는 급진적 성향의 보수 우파이다. 메가처치 대부분은 복음파로 분류된다. 복음파는 다른 말로 '본 어게인 (Born Again)파'라고 한다. 프로테스탄트는 가톨릭의 권위주의와 신분세를 비판하면서 대두했으며, 그 교리의 근저에는 평등주의가 있다. 그들은 신을 믿는 자에게는 누구나 신이 강림하여 부활(본 어게인)할 수 있다고 말한다.

미국의 프로테스탄트 중에서도 복음파는 특히 칼뱅의 '영리 축재의 긍정'을 인정한다. 성실하게 일해서 돈을 버는 행위는 신에 대한 봉사이며, 일 하지 않는 자는 신의 가르침을 거스르는 것이므로 벌을 받아야 한다고 생각한다. 그래서 그들은 오바마 케어를 비롯한 복지 정책에 반대한다. 철저한 자기 책임과 자유주의를 추구하기 때문이다. 오바마 케어 도입에 반대한 자유주의 운동, 이른바 '티파티 운동(Tea Party movement)' 대부분은 복음파 같은 기독교 우파이다.

미국 종교 인구의 비율은 조사마다 다르지만 대략 프로테스탄트가 약 50%(그중 복음파가 약 25%), 가톨릭이 약 25%이다. 그리고 기타 종교(모르몬교, 유대교, 이슬람교, 불교, 힌두교 등)가 약 5%, 무교가 약 20%이다.

변모하는 청교도

미국 프로테스탄트의 뿌리는 영국의 빈곤층인 '퓨리턴(Puritan)'이었다. 청교도를 뜻하는 퓨리턴은 엘리자베스 1세가 그들의 열성적인 신념을 순수한(퓨어) 사람들이라고 비꼰 데서 유래한다.

영국의 상류층은 영국 국교회를 신봉했지만, 지방 출신 및 가난한 신흥 인구 집단은 대부분 청교도를 신봉했다. 영국 국교회도 청교도처럼 그 교리는 프로테스탄트였으나, 국교회는 군주제와 신분제를 중시하고 가톨릭 의식을 도입하는 등 가톨릭에 타협적이었다. 반면 청교도는 평등주의를 지향했다. 영국 국왕과 상류층은 급진적인 청교도를 위험한 분리주의자로 간주하며 탄압했다.

17세기 유럽은 인구가 갑작스럽게 증가했다. 영국은 농경지가 적어 차남 밑으로는 물려줄 땅이 없었다. 가난한 자들이 너도나도 도시로 나가 노동을 했지만 박봉에 허덕였다. 대부분은 청교도 신도였기 때문에 국교회로부터 박해를 당했다. 그래서 그들은 신천지를 찾아 아메리카 신대륙으로 이주했다. 1620년 이후 미국으로 건너간 청교도들은 필그림 파

『필그림 파더스의 승선』(로버트 월터 위어 그림, 1857년, 브루클린박물관 소장) 미국으로 건너간 청교도들은 훗날 2개의 분파로 갈라진 다. 영국과 연합한 보수파는 프로테스탄트의 주류가 되었고 빈곤층은 복음파가 되었다.

더스(Pilgrim Fathers)라 불렸다. 그들은 먼저 이주한 가톨릭교도(주로 이주한 스페인인) 및 원주민 인디언과 싸우며 세력을 확장했다.

청교도들은 농경지를 확보하여 경제적 성공을 이루었다. 설탕, 커피, 목화, 담배 등의 상품 농작물을 생산하고 영국을 비롯한 유럽에 수출하여 부자가 된 사람들이 등장했다. 원래 청교도는 영국에서 국교회를 신봉하는 상류층에게 박해를 당하다가 미국에 온 사람들이지만, 세대가 지나면서 영국 본토인과 손을 잡게 되었다. 청교도의 까다롭고 엄격한 계율이 느슨해지면서 현실적인 경제 이익을 추구하는 새로운 미국인이 성장하고 있었던 것이다.

부유해진 청교도들은 미국판 국교회인 미국 성교회를 발전시켰고, 이 것이 미국 프로테스탄트의 주류가 되었다. 이들은 미국 남부 루이지애나 지방의 비옥한 땅을 원했는데, 그곳은 이미 프랑스의 식민지가 된 상태 였다. 청교도들은 프랑스인을 몰아내기 위해 영국 본토와 더욱 강력하게 연합하여 프랑스와 식민지 쟁탈전을 벌였다.

반면 청교도의 가르침을 엄격하게 지킨 비주류파는 복음파가 되었다. 비주류라고 하지만 수적으로는 주류파와 대등했다.

프로테스탄트와 가톨릭의 세력 분포

영국과 프랑스의 미국 식민지 쟁탈전은 18세기 중반에 영국의 승리로 끝났다. 전쟁에 막대한 자금을 쏟아 붓고 있었던 영국은 이를 유지하기 위해 미국인들에게도 부담을 요구했다. 영국은 설탕법, 인지법, 타운센 트법 등 각종 물품에 대해 세금을 부과하는 법률을 미국인에게 일방적 으로 강요했다. 이렇게 되자 잠들어 있던 청교도의 반골 정신이 깨어나 기 시작했다. 청교도들은 영국의 지배에 저항하기 위해 들고 일어났고, 1775년에 미국 독립전쟁이 시작되었다.

독립전쟁에서 승리한 미국은 미합중국이 되었다. 13개 주로 구성된 합중국은 서로 종파가 달랐고 정치적 주장도 달랐다. 영국계, 스페인계, 프랑스계, 혼혈계 등의 민족적 차이도 있었다. 이러한 차이 때문에 연방 제를 적용했다.

미국 건국의 아버지들은 대부분 프로테스탄트였지만, 자신의 신앙을 강요하지 않았다. 그들은 종교의 강요가 갈등을 빚고 국가를 분단 위기에 빠뜨린다는 것을 잘 알고 있었다. 미국의 수정헌법 제1조는 정부가 특정 종교를 국교로 정해 이를 보호하거나 강요해서는 안 된다고 규정한다. 헌법에 의거해 국교 제도를 부정하는 동시에 신교의 자유를 보장한 것이다. 그러나 종교의 관용을 표방한 미국도 이후의 역사에서 인디언들을 이교도로서 강제 배제하는 등 지극히 배타적이었다.

19세기 중엽 아일랜드에서 심각한 기근이 발생하여, 수많은 아일랜드인이 미국으로 이민을 떠났다. 아일랜드 이민자들은 보수적인 가톨릭교도였다. 그들은 저렴한 노동력으로 미국인들의 일자리를 빼앗았다. 백인 앵글로색슨계와 프로테스탄트 신자를 '와스프(WASP, White Angro-Saxon Protestant)'라고 하는데, 이들은 가톨릭교 아일랜드 이민자를 거칠게 탄압하며 배척했다. 이처럼 19세기 미국에서는 프로테스탄트와 가톨릭의 종교 대립이 계속되었다. 그러다가 20세기 들어 반종교를 주창하는 공산주의 사상이 확산되자, 양측은 그 위협에 대항하기 위해 서로 접근하기 시작한다.

가톨릭교도는 점차 경제적 지위가 향상되었고, 정계에 진출하는 인물도 나타났다. 가톨릭교 아일랜드 이민자의 후손이었던 존 F. 케네디의 아버지 조지프 케네디가 대표적인 인물이다. 그래서 존 F. 케네디는 역대 미국 대통령 중 유일한 가톨릭교도였다. 참고로 미국에서는 비기독교도 대통령이 선출된 적이 없다.

현재 미국의 프로테스탄트 대부분은 공화당 지지자이며, 가톨릭은 공화당과 민주당 지지자로 나뉜다. 가톨릭의 약 40%가 히스패닉이기 때문이다. 라틴 아메리카는 16세기의 스페인의 식민지화 이래 줄곧 가톨릭이다. 가톨릭과 보수파 프로테스탄트는 세계화에 뒤처지고 실업과 빈곤에 허덕이는 계층을 공략하는 데 탁월하다. 교회는 인터넷과 SNS 등을 통해 세계화와 격차 사회를 비판한다.

　미국이라는 나라는 언뜻 보면 무신론적으로 보인다. 그러나 자세히 보면 종교가 정치계에 깊이 관여하는 국가이다. 미국만큼 종교가 직접적으로 정치에 영향력을 행사하는 나라도 없다.

제 4 부

중동 · 중앙아시아 · 아프리카
상업 이권에 입각한 이슬람교

상업 이권에 입각한 이슬람교

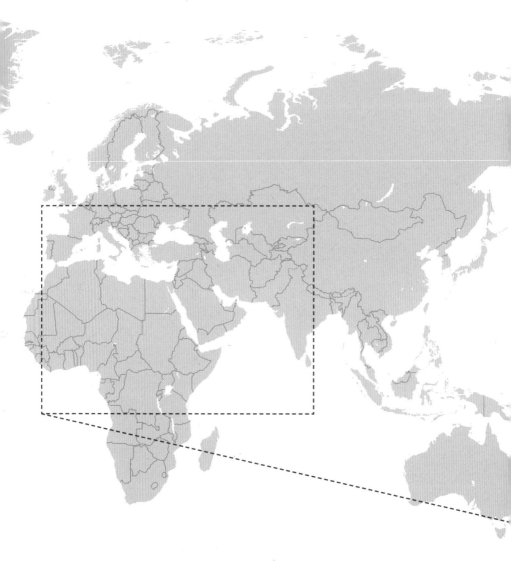

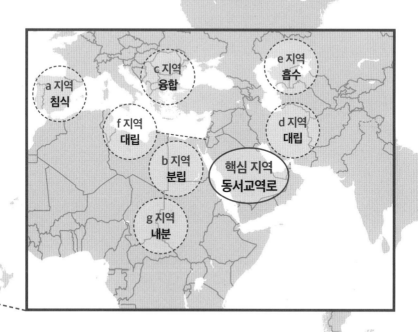

Chapter 27

돈을 지불하면 용인되는
이슬람 교리

핵심 지역 = 동서교역로
이슬람 확대의 원천

이슬람 위협론을 부추기는 말. 말. 말

현재 전 세계 종교 인구의 비율은 1위 기독교(약 30%), 2위 이슬람교(약 25%), 3위 힌두교(약 15%), 4위 불교(약 7%)이다. 이슬람권 국가는 세계 인구의 약 4분의 1인 20억 명을 차지하고 있다. 거기다가 최근 이슬람 인구가 급증하여 2050년에는 총 30억 명, 즉 전 세계 인구 3명 중 1명이 이슬람교도가 될 것으로 보고 있다. 앞으로 이슬람은 국제사회에서 더욱 강렬한 존재감을 보일 것이다.

최근 이슬람교에 관해 극단적인 이야기가 돌고 있다. 예를 들어 이슬람권에서 빈번하게 일어나는 테러 사건의 원인이 이슬람교 원리주의화 때문이라는 이야기한다. 게다가 이슬람의 신은 이교도와의 전쟁을 명한다고 곡해하고, 최근 수많은 이슬람교도가 지하드(성전)를 당연한 의무로 여기기 시작했다고 말이다.

그동안은 이슬람 법학자를 비롯한 지식인층이 성전의 의무를 은폐해왔으나, 인터넷의 발달로 『코란』을 쉽게 찾아볼 수 있게 되면서 일반 이슬람 신도가 지하드를 당연한 의무로 여기기 시작했다고 말한다. 평신도들이 지하드의 개념을 내세우며 권력자에게 반발하는 것을 막기 위해, 권력자와 유착관계에 있는 이슬람 법학자들이 지하들의 진실을 은폐해왔다고 말이다.

이슬람 과격파는 물론, 이슬람교 신도 대부분이 『코란』을 못 읽거나 일부만 이해한다는 조사를 인용하기도 한다. 코란은 아랍어로 쓰여 있다. 이슬람에서는 아랍어로 된 원전만 『코란』으로 인정한다. 그 원전도 고어가 많아서 아랍어 원어민도 해석하기가 어렵다. 그래서 이슬람교도는 타 언어로 번역된 것, 쉽게 해설한 교과서나 참고서를 통해 『코란』을 배운다고 한다. 원전을 못 읽으면 교과서나 참고서 같은 책이나 인터넷을 통해 접한다는 것이다. 그러나 이슬람교도들이 인터넷으로 『코란』에 쉽게 접근하게 되었다는 증거는 어디에도 없다.

오히려 독실한 이슬람교도들은 열심히 노력하여 어려운 『코란』 원전을 읽고 있나. 일부 시식인틀이 『코란』 지식을 녹섬한다거나 은폐하는 일은 없다. 『코란』에 대한 지식은 예나 지금이나 모든 사람에게 열려 있다.

도표 27-1 _ 이슬람권 국가

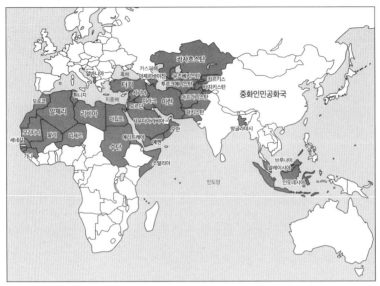

　'읽는 것'이라는 뜻의 『코란』은 마호메트가 유일신 알라의 계시 내용을 기록한 책이다. 총 114장으로 구성되어 있으며, 마호메트가 직접 기록한 것도 아니다. 7세기 중엽 마호메트의 3대째 후계자(칼리프) 우스만의 명령으로 편찬되었다. 『코란』에 적힌 내용을 글자 그대로 이해하면 이교도와 전쟁이 불가피하다는 요즘의 해석은, 전형적인 과격주의자의 관점이지 통상적인 해석이 아니다.

　최근 무기를 들고 싸우는 이슬람 과격파가 증가하는 것은 이슬람 원리주의화 때문이 아니다. 빈부 격차와 가난 등 지극히 세속적인 요인에 기인하는 바가 클 것이다. 가난이 해소되면 과격파의 테러를 멈출 수 있을 것이다.

원리주의화의 구체적인 사례로 '이슬람국가(ISIL)'를 들 수 있다. 이슬람국가는 거대 세력을 자랑하던 시절에도 지배지 인구 1,000만 명 미만에 전투원 3만 명(추정치) 정도의, 이슬람 세계 전체 비율로 따지면 극소수에 지나지 않았다. 어느 종교든 비상식적인 과격주의자는 일정 비율로 존재하기 마련이다. 따라서 그러한 특수 케이스를 인용하는 것은 적절치 않다.

'이슬람 원리주의'라는 말도 오류가 많다. 이 표현은 이슬람이 전쟁을 원리로 삼고 있는 듯한 뉘앙스를 풍긴다. 이슬람을 불필요하게 위협적으로 만들려는 의도가 다분하다. 이에 대해서는 좀 더 냉정한 견해가 필요할 것이다.

너희에게 전쟁을 걸어오는 적들에 대항해 알라의 길에서 싸우라

이슬람이 관용적인 종교라는 정설도 완전히 옳지는 않다. 분명 이슬람교는 기독교 등에 비해 관용적이고 타 종교 신도들과 공존을 모색한 역사적 사례가 많다. 동시에 가차 없이 다른 세력을 침략하거나 이교도들을 살육, 지배한 사례도 많다. 편협한 아랍 민족주의, 즉 맹목적 애국주의에 빠진 적도 종종 있었다. 이슬람교는 관용과 무관용의 양면성이 있고 그것이 시대와 지도자마다 다르게 나타났기 때문에 일률적으로 정형화할 수는 없다. 적어도 이교도에 대한 지하드를 이슬람 원리로 내세우며 함부로 장려하는 일은 없다.

『코란』에 "너희에게 전쟁을 걸어오는 적들에 대항해 알라의 길에서 싸우라. 실로 알라는 침략하는 자를 사랑하지 않는다(2장 190절)"라는 구절이 있다. 이 말은 전쟁을 거는 사람이 있으면 싸우라는 뜻이지, 먼저 타국에 쳐들어가라는 뜻이 아니다.

지하드라는 아랍어의 원래 뜻은 우리가 알고 있는 '성전'이 아니다. 이교도를 설득하여 '바뀌게 하다' 혹은 '개심시키다'이다. 『코란』과 『하디스』(마호메트의 언행록)에서 말하는 지하드의 원뜻은 설득을 통한 포교이지, 무력을 사용하는 전쟁이 아니다. 지하드를 '성전'으로 무리하게 해석하기 때문에 이슬람교가 무력 투쟁을 일삼는 위험한 과격주의자이자 비상식적인 사람들이라는 편견이 생긴다. 그래서 앞에서 언급한 극단적인 언동이나 오해가 발생하는 것이다. 어찌 되었든 이슬람교도 중에 위험한 과격주의자가 많은 것은 부정할 수 없는 사실이다.

돈은 굴복의 증거

무력을 수반하는 지하드는 제한적으로 적용되며 침략적이어서는 안 된다고 『코란』은 규정한다. 이 규정은 마호메트가 죽은 후 파기되었고, 이슬람 세력은 대규모 침략 전쟁을 벌이게 되었다. 661년에 이슬람 세력은 우마이야 왕국을 건국했다. 당시 이슬람은 비잔틴 제국(동로마 제국)으로부터 시리아와 이집트를 빼앗는 등 서서히 확장해나갔다. 기세등등해진 이슬람교도는 점차 현세적인 침략과 지배로 얻는 이익을 종교적 신념보다 중시했다.

피정복자에게 베푸는 관용으로서, 세금만 내면 이교도에게도 신앙의 자유를 인정했다. 『코란』은 "알라와 최후의 날을 믿지 않고, 알라와 그의 사도가 금지한 것을 믿지 않으며, 진리의 종교를 받아들이지 못하는 자들에 대해서는 그들이 손수 지즈야(인두세)를 바치고 겸손해질 때까지 싸우라(9장29절)"고 말한다. 이슬람교도는 이 규정을 "실로 알라는 침략하는 자를 사랑하지 않는다"라는 규정보다 더 중시하며, 이교도가 세금을 내고 항복할 때까지는 싸워도(침략해도) 되는 것이라 해석했다. 그러니 규정대로 이교도가 세금만 내면 억지로 개종시키거나 말살하는 일이 거의 없었다. 지불한 세금은 이교도들이 굴복했다는 증거였고, 그 이상의 박해는 자신들에게 이익이 되지 않는다고 생각한 것이다. 타 종교를 인정하는 대신 세금(돈)을 걷는, 실리적인 규정이 있는 종교는 이슬람교가 유일하다.

기독교는 전 인류의 유일한 보편적 종교라고 주장하며 타교를 배척했다. 바울 시대부터 이질적인 교리를 엄격하게 금지했으며 이단 사냥은 잔인하기 그지없었다. 기독교는 유대교처럼 유대인만 구원받는다는 식의 선민사상은 없지만 인류를 기독교로 개종시키는 것이 목적이기 때문에 타 종교를 악으로 간주한다. 그러나 이슬람교에 배타성이 없었다는 것은 역사가 증명한 사실이다. 『코란』에서도 "너희는 너희의 종교가 있고, 우리는 우리의 종교가 있다(109장 6절)"라고 말한다.

동쪽과 서쪽을 이은 헤자즈

이슬람교는 대립보다 통상을 중시하는 합리주의적인 측면이 있고, 실제로 그러한 합리주의적 요청으로 탄생하여 세력을 확장시켜왔다.

마호메트 시대에 이란계 사산 왕조 페르시아는 강대한 힘을 자랑하며 동쪽으로는 인도 왕조를 정복하고 서쪽으로는 비잔틴 제국과 싸웠다. 사산 왕조는 사기를 높이고자 이란 고유의 종교인 조로아스터교를 국교로 지정하여 국위 선양을 도모했다. 그리고 타 종교는 이단으로 규정하여 무자비하게 탄압했다.

동서 교역에 종사하는 상인들은 다양한 종교를 갖고 있었음에도 사산 왕조는 이를 인정하지 않았다. 상인들은 사산 왕조에게 등을 돌리고 아라비아반도 서안의 홍해 연안 지역인 헤자즈로 향했다. 그들은 홍해 연안이라는 지리적 이점을 활용하여 사산 왕조의 영역을 우회하는 바닷길을 구축했다. 이 길은 유럽에서 지중해로 내려가 이집트로 들어간 후, 시나이반도를 넘어 아라비아반도 서안의 홍해 연안 지역 헤자즈를 거쳐 인도양에 이르는 루트였다.

6세기 말 이후 바닷길이 개척되면서 헤자즈의 중심인 메카가 유럽과 아시아를 잇는 중계무역의 거점이 되었고, 이곳으로 막대한 부가 집중되었다. 반면에 사산 왕조는 상업 이권을 헤자즈에 빼앗기며 쇠퇴했다. 바로 이 헤자즈 땅에서 이슬람교가 탄생했다. 이슬람교는 동서 교역의 부를 바탕으로 형성된 종교였다. 그래서 근본적으로 타 문화에 대한 이해와 공감대가 있었고 타 종교에도 관용을 베풀 수 있었다.

이슬람교는 유대교도와 기독교도를 '계전의 백성'이라 부르며 우대했다. '계전'은 신의 계시를 기록한 유대교의 『구약성서』와 기독교의 『신약

도표 27-2 _ 7세기 초의 서아시아

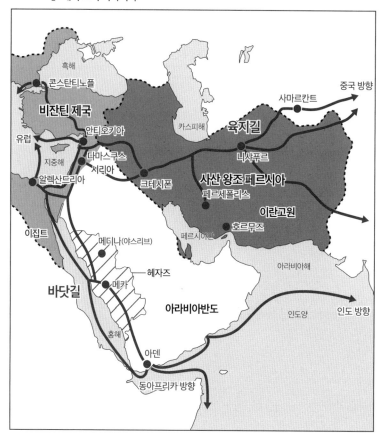

성서』를 말한다. 지즈야(인두세)를 납부하는 ‘계전의 백성’은 딤미(비호 받는 자)로서 보호받으며 신앙을 인정받았다. 불교와 조로아스터교 신자들노 마찬가지였다.

마호메트가 죽은 후 이슬람은 아라비아반도 전역을 지배하고 동북쪽에 있는 이란으로 진출했다. 642년 니하반드 전투에서 사산 왕조를 물리친 이슬람은 이란과 이라크를 차지하며 중동 지역을 장악했다. 그들은 사산 왕조 정복 후 유럽과 아시아를 잇는 동서 교역로를 확보했고, 교역에서 얻는 이익을 바탕으로 세력을 더욱 확장시켰다. 강대한 사산 왕조가 타 종교에 대한 무관용으로 쇠퇴한 반면, 이슬람은 종교적 관영을 기본 교리로 하며 대두한 것이다.

Chapter 28

유럽으로 향하는
이슬람의 야망

a지역 : 침식
이베리아의 서칼리프

유럽의 배후를 무찔러라!

사산 왕조를 멸한 이슬람 세력은 중동 전역을 지배했고, 나아가 유럽과 기독교 세계를 정복하겠다는 야망을 품었다. 마호메트 시대에는 기독교도를 '계전의 백성'이라 하며 우대했으나, 사산 왕조 정복 후 영토 확장이라는 현실의 이익에 눈 뜨면서 기독교도 정복을 지하드(성전)로 삼게 되었다. 이슬람 세력의 거대화로 군사가 지속적으로 팽창되어 새로운 목표가 필요해진 것이다.

그들은 동유럽의 비잔틴 제국(동로마 제국)과 대치하기 위해 시리아에 전선 기지를 세우고 주력 정예군을 집결시켰다. 수십만 명에 달하는 정예군을 거느린 총독은 무아위야라는 인물이었다. 마호메트의 먼 친척인 무아위야는 온화하고 믿음직한 성품으로 칼리프와 무장들의 신뢰가 두터웠다. 칼리프는 그에게 비잔틴 제국 공격권과 군대 지휘권을 일임했다. 이슬람 최강의 군단을 이끄는 무아위야는 마음만 먹으면 이슬람 천하를 빼앗을 수 있었다. 결국 신망 두터운 무아위야도 그 유혹을 이기지 못했다.

무아위야의 군단은 비잔틴 제국과의 전쟁을 잠시 멈추고 급히 군사를 돌려보내 칼리프가 있는 아라비아반도로 진격했다. 이러한 혼란 속에서 4대 칼리프의 알리가 암살되었다. 암살자는 무아위야 세력의 인물이었다.

661년에 무아위야는 스스로 칼리프가 되어 우마이야 왕조를 건국했다. 우마이야 왕조는 쿠데타를 일으키며 출범한 군인을 위한 정권이었다. 우마이야 왕조 성립 이후 비잔틴 제국을 향한 공격이 본격적으로 재개되었다. 우마이야 왕조는 소아시아를 정복하고 673년 비잔틴 제국의 수도 콘스탄티노플을 포위했다. 그러나 콘스탄티노플의 견고한 수비로 공격은 실패로 돌아갔다.

콘스탄티노플을 뚫지 못한 우마이야군은 발칸반도를 넘어 유럽 중앙으로 돌파할 수가 없었다. 그래서 할 수 없이 북아프리카를 경유하는 우회 루트로 전략을 수정한다(《도표 28-1》 참조). 결국 698년에 우마이야군은 북아프리카에서 스페인으로 돌아가 유럽의 후미를 공략하는 새로운

도표 28-1 _ 이슬람 세력의 확장

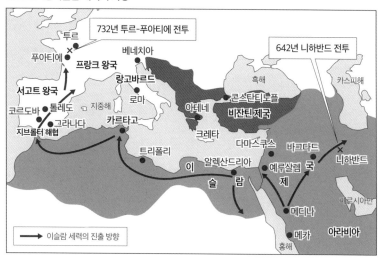

전략으로 비잔틴 제국령 카르타고를 점령해, 북아프리카 진출의 교두보를 확보했다. 711년에는 스페인을 점령해 서유럽 세력과 대치했다.

마호메트 없이는 샤를마뉴도 없다

당시 서유럽 세력은 여러 부족으로 뿔뿔이 흩어져 있었다. 그러한 상황에서 갑자기 이슬람이 위협적으로 등장하자 서유럽 부족들은 단결을 추진했다. 그 단결의 중심은 유력 부족이었던 게르만계 프랑크족이었다. 프랑크족의 카를 마르텔은 732년 투르-푸아티에 전투에서 우마이야군을 물리쳤다. 이 카를 마르텔의 후손이 서유럽 세계를 통일한 카를 대제이다.

20세기의 벨기에 역사학자 앙리 피렌느는 "마호메트 없이는 샤를마뉴도 없다"라는 말을 남겼다. '샤를마뉴'는 카를 대제를 말한다. 즉 이슬람의 위협이 그로 하여금 뿔뿔이 흩어진 서유럽을 단결시키고 통일로 이끌었다는 뜻이다.

무야위아가 건국한 우마이야 왕조는 애초에 군사주의적 성격을 띠고 탄생한 왕조였다. 군사주의는 거대한 군사 기구를 양성하기 위해 항상 침략하며 팽창을 거듭해야 한다. 전투에서 공을 세운 병사들에게 전리품으로 영토 등을 지급해야 하기 때문이다. 우마이야 왕조는 북아프리카를 넘어 스페인을 침략했을 때만 해도 이를 유지하며 번성했다. 그러나 투르-푸아티에 전투에서 패하여 침략에 제동이 걸리자, 군사 기구는 금세 동요했고 이내 맥없이 무너졌다. 결국 750년 우마이야 왕조가 무너지고 아바스 왕조가 새롭게 건국되었다.

무슬림이 생각한 이상적인 평등과의 괴리

아바스 왕조는 우마이야 왕조 같은 군사 국가가 아니었다. 우마이야 왕조가 고집한 군사 팽창주의의 한계를 반성하고, 경제 성장을 통해 정권의 구심력을 유지하려고 노력했으며, 군인들의 막강한 영향력을 견제했다.

우마이야 왕조에서는 아랍인만 군인이 될 수 있었다. 이란인을 비롯한 외국인에게 군사 권한을 주면 그들이 반란을 일으킬 수 있기 때문에 사전에 방지하려는 의도였다. 외국인은 종군에 나서더라도 일개 병사로만 취급했다. 또한 우마이야 왕조의 아랍인 군인 집단은 엘리트 특권 계급으로서 세금을 면제받았다.

반면에 아바스 왕조는 이러한 군인 엘리트층의 특권을 폐지하고 외국인들처럼 세금을 부담시키려 했다. 또 군사 편중을 개선하여 군인들의 역할과 권한을 대폭 축소했다.

그러자 아랍인 군인들이 이에 분노했다. 특히 목숨을 걸고 스페인 외지로 원정에 나섰던 군인들은 특권 폐지를 모욕으로 받아들였다. 그들은 아바스 왕조에 불복하고 스페인에서 후우마이야 왕조를 건국하여 독립했다. 후우마이야 왕조의 지도자는 칼리프를 자처하며 아바스 왕조의 칼리프에 대항했다. 그래서 후우마이야 왕조를 서칼리프라고도 한다.

아랍인 군인들의 자립은 이집트에서도 일어났다. 9세기에 파티마 왕조가 건국되어 아바스 왕조에 대항했다. 파티마 왕조의 지도자도 칼리프를 자처했다. 그 결과 〈도표 28-2〉와 같이 3명의 칼리프가 나란히 존재하게 되었다.

파티마 왕조는 이집트에서 북아프리카에 이르는 거대 영역을 지배했다. 파티마는 마호메트의 딸이다. 마호메트의 딸 파티마와 그의 사위 알리의 후손만을 정통 마호메트의 후계자로 인정하는 사람들을 '시아 알리(알리의 신봉자)', 줄여서 시아파라고 한다. 시아파인 파티마 왕조는 우마이야 왕조와 아바스 왕조의 칼리프가 찬탈자의 후손이기 때문에 인정할 수 없다고 주장했다.

아바스 왕조는 성립 초기부터 분열되기 시작했다. 그들은 아랍인만 우대하는 민족주의를 버리고, '알라 앞에 평등'을 추구하는 교리에 따라 보

도표 28-2 _ 3개의 칼리프국: 10세기

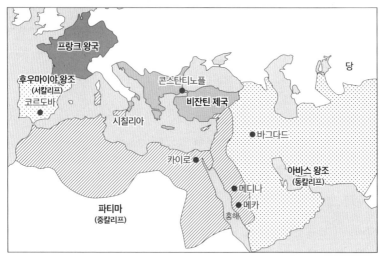

편적인 이슬람 제국을 창건하려고 했다. 하지만 이상과 달리 이슬람은 분
단되었고, 이후에도 이슬람권 각지에서 다양한 왕조가 일어나게 되었다.

아바스 왕조가 성립된 지 얼마 안 됐을 때, 서진을 하다 돌연 방향을
바꾸어 동진의 가능성을 살폈다. 751년 아바스 왕조는 탈라스 전투에서
당나라 군을 물리치고 중앙아시아로 세력을 확장한다. 중국인 포로 중
제지법 기술자가 있어 이슬람 사회에 종이가 도입되었고, 『코란』을 비롯
한 이슬람 사상과 문예 서적이 널리 보급되기 시작했다.

9세기 초에 서유럽을 통일한 카를 대제는 아바스 왕조에게 사절을 보
냈다. 아바스 왕조와 연합하여 후우마이야 왕조와 비잔틴 제국을 견제
하려던 것이다. 이베리아반도의 후우마이야 왕조는 수도를 코르도바에

『샤를마뉴의 사절을 맞이하는 하룬 알 라시드』(율리우스 쾨케르트 그림, 1864년, 독일 바이에른주 막시밀리안의사당 소장) 유럽인들을 처음 본 시녀가 깜짝 놀라 그들의 방문을 알리는 모습이 정면에 그려져 있다. 오른쪽에 흰옷을 입은 인물은 아바스 왕조의 전성기를 이끈 칼리프 알 라시드이다. 사절 파견 이후 샤를마뉴와 알 라시드의 교류가 성사되자, 알 라시드는 동물을 좋아하는 샤를마뉴에게 797년에 코끼리 한 마리와 희귀 원숭이 수 마리를 선물했다.

두고 기독교 세력과 대치하고 있었다. 그러나 12세기에 기독교 세력의 국토 회복 운동(레콩키스타)이 일어나면서 기독교 국가에게 반격을 당하고 만다. 후우마이야 왕조의 세력은 알람브라 궁전을 세운 것으로 유명한 나스르 왕조가 이어받았지만, 그들도 1492년에 스페인 왕국에게 멸망당했다. 이후 이슬람 세력은 이베리아반도에서 물러나게 되었다.

Chapter 29

십자군전쟁과 지하드,
성전의 허구

b지역 : 분립
이집트·북아프리카의 이슬람 상인

이슬람 중심의 지정학적 이동

중세를 물들인 십자군과 이슬람의 전쟁은 신앙심에 불타는 '성스러운 전쟁'으로 보기 어렵다. 어느 시대든 종교는 반드시 교리대로 움직이지 않으며 시국에 맞는 현실적 이해에 좌우된다. 그것은 종교가 스스로 길러온, 현실에서 살아가는 지혜였다. 십자군에 의해 유럽과 이슬람 지역의 접촉이 한층 강화되었고, 지중해를 교역 무대로 두 지역의 경제권이 이어졌다. 이 시기에 눈부신 발전을 이룬 조선 기술은 지중해 무역에 활기를 불어 넣었다.

12세기에서 13세기 사이, 유럽과 이슬람은 지중해 무역을 통해 전례 없는 호황기를 누렸다. 지중해를 사이에 두고 유럽의 베네치아를 중심으로 한 이탈리아, 이슬람 카이로를 중심으로 한 이집트, 시리아가 큰 경제 성장을 이루었다. 이집트, 시리아는 사람과 물자, 돈이 집중되면서 이슬람 경제의 중심이 되었다. 반면 기존

살라딘(귀스타브 도레의 동판화, 19세기) 살라딘은 유럽식 호칭이며 본명은 살라흐 앗딘이다. 그는 원래 이라크에서 활약하던 쿠르드인 무장이었으나 부대를 이끌고 이집트로 건너가 상인들과 연합, 거대 세력을 구축했다.

중심지였던 아라비아반도는 쇠퇴했다.

순조로운 상거래를 위해서는 법체계의 정비, 화폐와 시장의 통일이 필요했고, 이집트, 시리아 상인들은 이슬람을 통합할 강력한 지도자를 원했다. 이 지역은 아랍계, 이란계, 터키계, 아프리카계 등 인종 전시장을 방불케 하는 다양한 인종들의 왕래로 언제나 활기가 넘쳤다. 이 매력적인 시장을 통합하여 상공업이 순조롭게 이루어지도록 할 정치적 보호가 필요했던 것이다. 이때 지도자로 나선 인물이 살라딘(살라흐 앗딘)이었다. 살라딘은 아랍계 무장 소수민족 쿠르드족 출신이었다. 쿠르드족은 일찍이 전투에 강한 병사 집단으로 유명했는데 그중에서도 살라딘은 독

보적인 천재 전략가였다.

오늘날 쿠르드족 인구는 약 3,000만 명이다. 그들은 고유의 언어와 문화를 갖고 이라크 북부와 터키 남동부 일대에 분포하고 있다. 2003년 이라크 전쟁 이후 이라크 북부에 쿠르드족 자치구가 만들어져 실질적으로는 독립한 상태이다. 쿠르드족 자치구의 수도 아르빌은 최근 오일머니와 서양 자본의 유입으로 '제2의 두바이'라 불릴 만큼 눈부신 경제 발전을 이루고 있다.

불필요해진 지하드

이슬람 상인들의 재정적 지원에 힘입어 살라딘 군단의 군사력이 더욱 증강되었다. 살라딘은 상인들의 기대에 부응하고자 파티마 왕조의 정치 항쟁 실패로 흩어진 이집트와 시리아를 통일했다. 파티마 왕조의 칼리프 지위를 아바스 왕조에 반환한 후, 아바스 왕조의 칼리프만 정통으로 인정했다. 또한 파티마 왕조의 시아파 정책을 중지하고 다수파인 수니파 정책으로 변경했다. 이 또한 상인들의 교역 활동을 순조롭게 하기 위한 조치였다.

살라딘은 1169년 아이유브 왕조를 세운다. 아이유브 왕조는 카이로를 수도로 정하여 지중해 교역을 보호하고, 거기서 발생하는 이익을 바탕으로 크게 발전했다. 통일을 이룬 살라딘은 시리아에 진출해 있던 십자군 세력과 싸웠다. 1187년에 살라딘의 군대는 십자군 세력이 점령한 시리아 해안부 도시들을 잇달아 공략했다. 이슬람은 기독교권인 유럽과

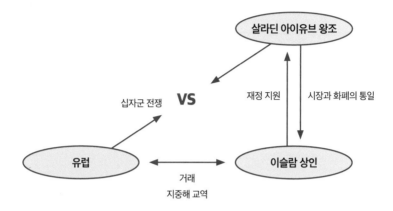

무역 거래를 하는 동시에 시리아의 기독교 세력과 싸운 것이다. 왜 이러한 모순이 생겼을까?

사실 같은 이슬람권 안에서도 정치가와 상인들은 서로 생각이 달랐다. 상인들은 기독교인들과 거래를 지속하는 것이 먼저였다. 그렇기 때문에 기독교인들이 시리아 지방의 성지를 침략하는 상황에서도, 그들과 거래가 끊어지는 것만은 어떻게든 막아야 했다.

반면에 살라딘은 이슬람 교리를 구현하는 지도자로서 성지를 침략한 이교도들을 물리칠 수밖에 없었다. 이교도 침략을 허용하는 나약한 지도자로서 이미지가 강해지면, 정권은 구심력을 잃고 붕괴되기 때문이다.

이집트, 시리아가 통일되기 전까지는 이슬람 상인들도 살라딘의 강력한 리더십을 지지했다. 그러나 통일 후 더욱 전쟁에 집중하며 본격적으

로 십자군과 대립하려 한 살라딘과 이슬람 상인들은 서로 생각하는 것
이 달랐다.

당시 이슬람 사회의 경제 기반은 유럽과 지중해 교역 네트워크상에
구축된 복잡한 경제적 협력 관계를 토대로 형성되어 있었다. 기독교 세
력과 전면전을 벌이는 것은 이슬람의 경제 기반이 근본적으로 흔들려
사회 붕괴로 이어질 수 있었다. 이슬람 상인들은 단지 이슬람의 정의를
세운다고 해서 해결되는 문제가 아니라고 생각했다.

종교 이념보다 상업적 이익이 먼저

1189년 기독교 세력인 잉글랜드 왕 리처드 1세, 프랑스 왕 필리프 2세,
신성로마제국 황제 프리드리히 1세는 살라딘에 반격하기 위해 십자군을
파견하기로 결정했다(제3차 십자군). 그러나 프리드리히 1세가 도중에 익
사하고 뒤이어 필리프 2세도 프랑스로 귀국해버리는 바람에, 리처드 1세
가 제3회 십자군의 실질적 지도자를 맡게 되었다.

리처드 1세는 전쟁에 능했다. 적수를 제대로 만난 살라딘은 본격적으
로 전쟁에 돌입했다. 이슬람 상인들은 살라딘이 리처드 1세와 전쟁하는
것을 달가워하지 않았다. 지중해 교역에서 유럽과 거래하는 이들에게 십
자군과의 전면전은 거래 중지와 같았기 때문이다.

유럽 상인들에게도 이슬람과의 전면전은 득이 되지 않았다. 그래서
이슬람 상인과 거래하던 이탈리아 및 동방의 비잔틴 제국은 제3차 십자
군에 협력하지 않았다. 프랑스 국왕 필리프 2세도 이익 없이 귀국했다.

지중해 교역의 혜택을 받지 못한 영국 세력만 시리아에서 활동 거점을 마련하기 위해 안간힘을 썼다.

이슬람 상인들은 살라딘에 대한 재정 지원을 중단했다. 빈곤한 재정은 살라딘 군단의 사기를 떨어뜨리기 시작했다. 일반적으로는 용맹스러운 리처드 1세가 살라딘군을 해체시켰다고 되어 있지만, 사실은 상인들의 재정 지원 중단으로 살라딘의 병사들이 전의를 상실한 것이라 볼 수 있다. 이슬람 병사들은 상인들과 유착하여 물질적 풍요를 누리고 있었다. 십자군과 싸우면 상업 이권이 훼손된다는 것을 병사들도 잘 알고 있었다.

1192년 살라딘은 군대를 철수하고 시리아 연안 일대를 십자군의 소유로 인정하는 평화협정을 맺었다. 이에 따라 기독교 순례자의 예루살렘 입성이 허가되었다. 살라딘은 평화협정 이듬해에 사망했다.

승리한 리처드 1세는 '신앙을 지킨 성스러운 기사'라는 칭송을 받았지만, 실상은 신앙심이 별로 깊지 않았다는 설도 있다. 살라딘과 평화협정을 맺는 자리에서 리처드 1세는 자신의 여동생과 살라딘의 남동생인 명장 알 아딜(AL Adil)의 결혼을 제안하기도 했다. 거기다 알 아딜이 기독교인으로 개종하면 된다는 발언을 하여 살라딘 측을 당황스럽게 만들었다고 한다. 리처드 1세에게 신앙과 종교란 정치 상황에 따라 쉽게 바꿀 수 있는 것이었던 것 같다.

프랑스 중세 역사가 레진 페르누(Régine Pernoud)는 저서 『사자왕 리처드(Richard Coeur de Lion)』에서 리처드 1세가 영토 확장의 야심이 넘치고 공격 본능을 충족시키려 한 호전가이자 세속주의자였다고 자세히 묘사하고 있다.

지중해와 인도양을 장악한 맘루크 왕조

상인에게 버림받은 살라딘이 권위를 잃자 아이유브 왕조는 급속히 붕괴했다. 13세기, 아이유브 왕조를 대신한 맘루크 왕조가 이집트·시리아를 통일했다. 튀르크계 군인인 맘루크는 이슬람권에서 용병 집단으로 활약하고 있었다. 살라딘의 군단에도 다수의 맘루크가 포진하고 있었는데, 상인들은 막강한 군사력으로 새롭게 급부상한 맘루크 세력과 손잡고 왕조를 세웠다.

맘루크 왕조는 건국 후 얼마 지나지 않아 몽골에게 습격을 당했다. 당시 전 세계를 석권한 몽골 세력은 아라비아반도를 집어 삼키며 시리아, 이집트까지 장악했다. 맘루크 왕조는 이슬람 최후의 보루로서 몽골에 대항했다. 그들은 뛰어난 군사력으로 몽골의 진격을 저지하는 데 성공했다. 몽골을 물리친 맘루크 왕조의 위신은 하늘을 찔렀다. 이후 맘루크 왕조는 이집트·시리아를 중심으로 지중해 이권을 장악했다. 14세기 이후에는 아라비아반도로 판도를 넓혀 인도양으로 진출해, 인도양 교역의 이권까지 장악했다. 지중해와 인도양 사이에 위치한 맘루크 왕조는 지정학적 이점을 활용하여 눈부신 발전을 이루었다.

그러나 16세기 대항해 시대를 연 포르투갈이 본격적으로 인도에 진출하자, 인도양의 제해권을 놓고 포르투갈과 맘루크 왕조가 격돌했다.

바로 디우 해전이다. 결국 디우 해전에서 맘루크 왕조는 포르투갈군의 대포의 위력 앞에 무릎을 꿇었다.

맘루크 왕조는 인도양 교역의 거대 이권을 빼앗기면서 와해되었고, 마침내 오스만 제국에게 정복당했다. 이후 오스만 제국이 이집트, 시리아를 지배하면서 지중해 이권을 장악하게 되었다.

'아랍의 봄', 그리고 그 후

2010년 말 튀니지에서 '아랍의 봄'이라는 민주화 운동이 시작되었다. 페이스북과 트위터를 통해 연대한 아랍의 젊은이들이 시위와 무력투쟁을 벌여 독재정권을 무너뜨렸다. 2011년 민주화 운동은 이집트로 번졌고 30여 년간 장기 집권을 유지해온 호스니 무바라크 대통령이 물러나게 되었다. 같은 해 2월 리비아도 영향을 받아 시민군과 정부군의 대규모 무력 충돌이 일어났고, 반세기 동안 지속된 온 무아마르 카다피 독재 정권이 붕괴했다. 카다피는 시민군에게 잡혀 구타당한 후 사망했다.

이후에도 '아랍의 봄' 민주화 운동은 알제리, 예멘, 요르단, 시리아 등 다수의 이슬람 국가로 퍼져 나가며 사회적 파장을 일으켰다. 독재 정권인 해당 국가들은 반란의 조짐이 보이면 비밀경찰이 나서서 즉시 싹을 잘랐다. 또한 반란에 가담한 사람들을 본보기로 처형하는 등 공포정치를 서슴지 않는 특징이 있었다. 유럽과 가까워 민주주의적 가치관의 영향을 받은 이집트 등 북아프리카에서는 인터넷의 보급으로 독재에 대한 불만이 수면 위로 드러나게 되었다.

도표 29-2 _ '아랍의 봄' 확산

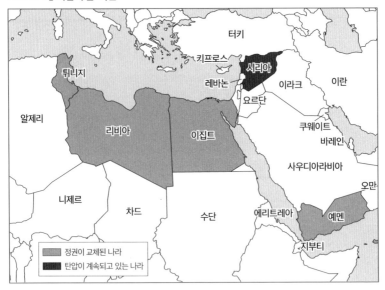

아랍의 봄으로 독재 정권은 무너졌지만, 이후 체제를 구축하는 것은 민중들이 생각하는 것보다 훨씬 어려웠다. 이집트에서는 선거를 통해 선출된 이슬람계 모하메드 무르시 대통령이 군의 쿠데타로 물러난 후, 군부 출신인 압델 파타 엘시시 대통령이 정권을 잡아 현재에 이른다.

'아랍의 봄'으로 독재 정권을 무너뜨린 국가들은 이후 이집트처럼 군부가 정권을 잡아 강권정치로 복귀하거나, 강력한 통치능력을 갖춘 정권이 나타나지 않아서 무력 충돌과 폭동이 반복되고 있다. 권력의 공백으로 내내 혼란을 겪고 있는 것이다. 자유와 민주주의를 추구한 '아랍의 봄'은 모순되게도 독재 정권 시절보다 더 지독한 폭력과 무질서를 야기했다.

예멘과 리비아는 여전히 내전 중이다. 특히 시리아는 민주화 세력이 독재 정치를 몰아내는 데 실패한 후, 국제사회까지 이 문제에 개입하면서 혼란이 가중되었다. 그로 인해 내전이 진흙탕 싸움으로 번져 25만 명이 숨지고 400만 명 이상의 난민이 발생했다.

Chapter 30

이슬람의 융합 이념이
낳은 대제국

c지역 : 융합
오스만 제국의 종교 관용

돈으로 신앙의 자유를 허락한 오스만 제국

오스만 제국은 건국자 오스만 베이가 튀르크계 민족 출신이기 때문에
'오스만 튀르크'라 부르기도 한다. 다만 그들 스스로 그러한 호칭을 사용
한 적은 없다. 오스만 제국은 다민족 이슬람 국가이며, 그 지배자 계급도
다민족 출신으로 이루어진 이슬람 통합 국가였다.

오스만 제국은 13세기 말 소아시아 아나톨리아반도에 건국되었으며,
초기에는 제국이 아닌 작은 제후 세력에 지나지 않았다. 그러다가 14세
기에 쇠퇴한 비잔틴 제국의 지배 영역인 발칸반도로 진출했다.

메메트 2세 시대에는 요충지 콘스탄티노플을 공략했다. 역대 술탄(황제)들은 콘스탄티노플 공략을 주저했다. 난공불락의 요새라 위험부담이 컸기 때문이다. 대신들은 반대의 목소리를 높였지만 메메트 2세는 측근이자 뛰어난 전력가였던 자가노스 파샤의 의견을 수용해 콘스탄티노플 포위를 단행했다. 당시 뛰어난 화기 제조 기술을 보유하고 있었던 오스만 제국은 견고한 성벽을 무너뜨릴 대포를 제작

『메메트 2세의 콘스탄티노플 입성』(장 조제프 뱅자맹 콩스탕 그림, 1876년, 툴루즈 오귀스탱미술관 소장) 비잔틴 제국은 유럽 각국에 지원군을 요청하고 길이 26km의 견고한 성벽을 점거했다. 그러나 유럽 각국은 지원에 소극적으로 대응했다. 이를 예측한 메메트 2세는 10만 대군을 이끌고 콘스탄티노플을 포위해 2개월간의 공방 끝에 함락시켰다.

했다. 1453년에 오스만군은 개량된 대포로 콘스탄티노플 성벽에 치명타를 입혀 공략에 성공하고, 천년의 역사를 자랑하던 비잔틴 제국을 멸망시켰다. 오스만 제국은 콘스탄티노플의 이름을 이스탄불로 바꾸고 수도로 삼았다.

일찍이 비잔틴 제국은 막강한 권력으로 세르비아인, 불가리아인, 그리스인, 루마니아인 등 발칸반도의 여러 민족을 통치했다. 13세기 초에는 같은 기독교도인 십자군의 공격으로 잠시 붕괴되기도 했다. 13세기 중

엽 비잔틴 제국은 다시 부활했지만 과거의 권세는 되찾지 못했다. 발칸반도의 여러 민족이 분단되고 대립이 격화되면서 지역 전체가 경직 상태에 빠졌다. 유력 제후들의 봉건적 영토 지배와 세습 특권 정치에서 비롯된 이 현상은, 무려 2세기 동안 지속되었다. 그런데 이를 타파한 것이 외부 세력인 오스만 제국이었다.

오스만 제국은 그리스 정교도, 아르메니아 교회파, 유대교도 등의 이교도를 밀레트라는 종교 공동체에 편입시켜 신앙의 자유를 보장했다. 대신 각 밀레트에 납세 의무를 부과하여 제국에 충성할 것을 약속받았다. 오스만 제국의 이러한 관대한 공존 정책은 『코란』의 "그들이 손수 지즈야(인두세)를 바치고 겸손해질 때까지 싸우라"라는 규정에 따른 것이다. 교리대로 돈과 맞바꿔 신앙의 자유를 허락한 것이다. 오스만 제국은 유연한 통치는 발칸반도 민족들에게 다시 활기를 불어 넣어 도약의 발판을 마련할 수 있게 됐다.

민족 융합을 위한 인재 등용 시스템

오스만 제국은 인재 등용에 있어서도 민족 간 융합을 추구했다. 그들은 발칸반도의 기독교인 자제들을 강제로 연행해 이슬람교로 개종시키고 영재교육을 실시했다. 그리고 성인이 되면 우수한 자들을 추려 관료와 군인으로 등용했다. 기독교인 부모는 자식이 오스만 제국에 끌려가는 것을 한탄하면서도, 장차 상류 지배층으로 제국에 등용되기를 기대하며 협력했다. 인재를 배출한 기독교인 자제들의 종교 공동체 밀레트는 면세 등의 혜택을 받았다.

오스만 제국이 이렇게 기독교인 자제를 관료나 군인으로 등용할 때 이슬람교 개종을 강요하는 등 여러 가지 강권을 행사한 것은 민족의 융합을 유지하기 위해서였다. 그렇게 기독교 세력 가운데서 황제 직속의 유능한 관료들이 배출되었고, 이들을 배려한 세심하고 효과적인 정책도 시행되었다.

황제 직속 부대로서 군 지휘권 상당 부분을 장악한 예니체리도 영재 교육을 받은 기독교도 중 유능한 인물들이 선출되었다. 군 통솔권자를 군이 이슬람교도가 아닌 기독교도 자제 중에서 선택한 것은 왜일까? 이는 이슬람 호족을 견제하고 기독교 세력을 회유하여, 두 교도의 세력 균형 위에서 오스만 제국의 권력을 강화하고자 했기 때문이다. 또한 예니체리에게는 결혼을 금지하여 지위 세습을 막았다. 군 통솔권의 세습은 부패와 내란의 원인이었기 때문이다. 이렇게 인재의 유동성을 확보했으며 황제가 인사 임명권을 장악했다.

오스만 제국은 콘스탄티노플 공략 이후 유럽과 아시아를 잇는 동서 교역을 보호했고, 일찍이 독일에서 총을 도입했다. 신기술 도입은 오스만 제국이 추구한 융합 정책의 산물이었다.

셀림 1세는 예니체리에 총기 무장을 적극 추진하여 군의 근대화를 도모했다. 그는 1514년 이란의 사파비 왕조를 격파하고, 1517년 이집트의 맘루크 왕조를 정복하며 이슬람 패권을 거머쥐었다. 아바스 가문 칼리프 일족은 맘루크 왕조의 비호로 살아남아 칼리프를 계승했는데, 셀림

도표 30-1 _ 오스만 제국의 영역

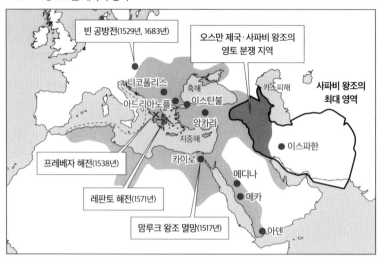

1세는 그들에게 칼리프 칭호를 빼앗아 오스만 제국의 술탄이 칼리프를
겸하는 술탄칼리프제를 성립시켰다. 즉 오스만 제국의 군주는 술탄(속권
지도자)과 칼리프(성권 지도자)의 권한을 모두 갖는 이슬람 최강의 군주가
된 것이다. 이후 술탄과 칼리프의 지위는 오스만 제국의 군주에게 대대
로 계승된다.

　셀림 1세의 아들 술레이만 1세 시대에 오스만 제국은 전성기를 맞이
했다. 헝가리를 정복하고 유럽 깊숙이 진입하여, 1529년 합스부르크·신
성로마제국의 거점인 빈을 포위했다(빈 공방전). 또한 술레이만 1세는 프레
베자 해전에서 스페인-베네치아 연합에 승리를 거두며 지중해 제해권을
장악했다.

이즈티하드의 문

술레이만 1세의 사후, 오스만 제국은 1571년 레판토 해전에서 스페인에 패배하며 지중해 제해권을 빼앗기게 되었다. 또한 2차 빈 공방전에 실패하여 1699년에는 카를로비츠 조약을 맺고 헝가리와 트란실바니아를 오스트리아에 할양하게 된다.

18세기, 오스만 제국이 쇠퇴하자 제국의 영토 아랍 지역에서도 민족자립의 움직임이 나타났다. 이슬람 개혁파인 극단적인 성향의 와하브파를 추종하는 사우디아라비아의 호족 사우드 가문은 와하브 왕국을 건설하여 오스만 제국으로부터 자립했다. 20세기에 그 가문에서 이븐 사우드가 등장하여 세력을 떨치다가, 1932년에 사우디아라비아 왕국이 되었다.

마케도니아 출신의 알바니아인 용병 대장 메흐메드 알리는 오스만 제국의 명령에 따라 이집트로 향했다. 그는 이집트를 침공한 나폴레옹군이 전쟁에 패해 후퇴하는 틈을 타서 1805년에 이집트 총독(파샤)이 되어 오스만 제국으로부터 독립했다.

오스만 제국의 쇠퇴는 자명했고 술탄은 개혁 정책인 탄지마트로 근대화 개혁을 추진했지만, 결국 실패했다. 근대화를 이루려면 정치 제도의 변혁이 필요하다. 정교분리를 명확히 해서, 정치가 종교적 구습에 얽매임 없이 합리적 목적을 위해 본연의 역할을 다할 수 있어야 한다. 그러나 이슬람은 정교일치가 원칙이고 절대신의 존재를 최우선으로 생각하며 사회를 통치한다. 이슬람은 과학과 학문을 통제하고 자유로운 학술 연구를 금지하면서, 근대 과학을 흡수할 기회를 놓쳤다.

이슬람에서는 알라가 정한 이슬람법의 권위가 강력해서 시대나 상황에 알맞게 법과 제도, 사회 구조, 학술 본연의 자세를 바꾸는 것이 불가능하다. 이슬람에 '이즈티하드'라는 말이 있다. 7세기에 이슬람교가 탄생한 후 이슬람 세계가 급속히 확장되자, 이슬람법의 해석과 정의를 『코란』과 마호메트의 언행록 『하디스』에서 유추하여 현실 사회에 적용할 수 있도록 구성했는데, 그 해석 과정이 바로 이즈티하드이다. 이즈티하드는 '노력'을 뜻한다.

10세기를 기준으로 약 300년간 다양한 범례가 축적되어 이슬람법의 해석과 정의가 확립되었다. 그러자 이슬람 세계는 선인들의 의견을 존중하여 그들의 해석과 정의를 바꾸지 않기로 결정했다. 이것을 '이즈하티드의 문 폐쇄'라고 한다. 교리와 해석의 난립을 막고 통일된 이슬람 체계를 구축하여 이슬람을 통합하려 한 것이다.

왜 이자 징수가 인정되지 않는가?

'이즈티하드의 문 폐쇄' 이후 이슬람법 운용은 시대에 따른 변화 없이 고착되었다. 10세기 이후부터는 종교적 율령이 사회 전반을 지배하는 구조가 정착했다. 물론 19세기에 유럽이 이슬람 지배를 강화하자 아프가니 자말 알딘, 무함마드 압두 같은 이슬람 사상가들이 나서서 '이즈티하드의 문'을 재개해야 한다고 강력히 주장하기도 했다. 근대적인 법 제도로 부국강병을 단행하고, 합리적인 유럽의 기술을 도입하며, 전통에 혁

도표 30-2 _ 이슬람의 근대화를 방해한 요인

정치	정교일치	·········· 신학상의 지배 원리가 우선
사회	봉건주의	·········· 봉건영주가 기득권을 쥔 채 민주화를 탄압
경제	이자 징수 금지	·········· 금융 자본의 부재로 산업 육성이 불가능
민족	다민족 사회	·········· 민족 간의 의사 통일이 어려움
과학	사상 통제	·········· 이슬람 신학의 통제로 자유로운 학술 연구가 불가능

신을 일으켜 유럽 열강에 대항하자는 것이 주된 요지였다. 하지만 그들
의 주장은 받아들여지지 않았다.

'이즈티하드의 문 폐쇄'로 인해 근대화를 이루지 못한 구체적 사례 중
하나가 이자 징수 문제이다. 이슬람교는 이자 징수를 금지하는 것으로
유명한데, 그 이유는 크게 5가지이다.

첫째, 이슬람은 불로소득을 인정하지 않는다. 둘째, 투기를 인정하지
않는다. 이자는 위험 관리 차원에서 파생되기 때문에 일종의 도박성을
띤다. 또 투기는 미지의 결과를 인간이 추측하는 것인데, 미지나 미래의
결정은 신의 영역이므로 신에 대한 도전이 된다. 셋째, 이자는 부자를 더
부자로 만들어 부의 공정한 분배를 방해하며 착취를 야기한다. 넷째, 이

자는 시간에 따라 발생한다. 이슬람에서 시간은 신의 소유이고, 그것을 돈으로 바꾸는 것은 신에 대한 모독이 된다. 다섯째, 마호메트가 아라비아반도를 통일할 때 유대인들에게 돈을 빌렸다가 고액의 이자를 요구받고 이자의 부당성을 언급했다.

이러한 5가지 이유로 이슬람에서는 이자가 금지된다. 따라서 이슬람은 은행을 중심으로 한 금융 자본이 발생하지 않았고, 근대 산업을 이끌 각종 사업에 자금을 조달할 수가 없었다.

반면에 유럽에서는 근세 이후 교리를 변칙적으로 해석하여 이자 취득이 주 업무인 은행업을 사실상 허용했다. 특히 칼뱅이 16세기에 모든 직업은 고귀하며 성실하게 일해서 얻는 이득은 신의 은혜라고 주장한다. 이를 계기로 은행업이 공적으로 인정되어 이후 근대적인 금융 자본이 발전하게 되었다.

유럽에 비해 이슬람은 종교 율령의 속박으로 금융업 해금과 근대화에 실패한다. 그래서 결국 경제적으로 뒤처졌고 19세기에 유럽 열강의 지배를 받게 되었다.

정교일치 전통으로부터의 탈피

20세기에 군인 무스타파 케말(케말 파샤)은 과거에 멈춰 있는 오스만 제국을 무너뜨렸다. 케말은 1923년 터키 공화국 성립을 선언하며 초대 대통령에 취임했다. 수도는 이스탄불에서 앙카라로 옮겨졌다.

케말은 터키의 근대화를 위해서는 이슬람주의를 포기해야 하고, 칼리프라는 권위자를 남겨두어서는 안 된다고 생각했다. 그는 1924년에 터키공화국 헌법을 제정하여 정치와 종교를 분리했고, 칼리프제를 폐지했다. 아울러 이슬람력을 폐지하고 양력을 도입했으며 여성해방을 주장하는 등 다양한 근대화 정책을 펼쳤다. 또한 아라비아 문자를 폐지하고 터키어 표기를 로마자로 고쳤다. 의회는 터키의 근대화에 앞장선 케말에게 '아타튀르크(터키의 아버지)'라는 존칭을 부여했다.

Chapter 31

이슬람을 대리 통치한
샤리프 지도자

d지역 : 대립
이란의 시아파

반체제 인사들의 거점, 시아파

현재 이슬람 세계 대다수는 수니파이며, 시아파는 약 10%에 불과하다. 그러나 이란은 전체 인구의 약 90%가 시아파이다. 왜 이란에 유독 시아파가 많은 것일까?

마호메트의 딸 파티마와 사위 알리의 후손만 정통 마호메트의 후계자로 인정하는 사람들을 시아 알리(알리의 신봉자), 줄여서 시아파라고 한다. 시아파는 알리를 초대 이맘(지도자)으로 보며 알리와 파티마의 후손만 이맘으로 인정한다. 이맘은 신과 인간을 잇는 지도자이며 예언자 마

"알리는 신의 대리인"이라고 적힌 거울상 문자

호메트의 혈통에 의해 결정되는 군주이다.

수니파는 선거 및 전쟁을 통해 인간이 선택한 칼리프를 따른다. 반면에 시아파는 인간의 판단은 신의 판단에 미치지 못하므로, 인간이 자의적으로 지도자를 뽑아서는 안 된다고 주장한다. 또 그렇게 선택된 지도자는 비판받아야 마땅하다고 여기기 때문에, 반체제자의 우두머리로 간주한다.

이란인이 대대로 시아파를 계승해온 것은 반체제자로, 즉 아랍인을 비롯한 거대 수니파 세력에 대항해야 했기 때문이다. 실제로 10세기에 대두한 이란인 부와이 왕조는 시아파를 신봉했고, 수니파인 아바스 왕조에 대항했다. 같은 이란인이며 16세기에 등장한 사파비 왕조도 수니파인 오스만 제국에 대항했다.

사파비 왕조는 16세기 초 아제르바이잔 지방에서 일어난 신비주의파 사파비 교단이 이란에 세운 왕조이다. 사파비 교단의 지도자 이스마일 1세는 스스로를 '샤(Shah, 왕을 뜻하는 페르시아어)'라 칭했다. '샤'는 고대 아케메네스 왕조 페르시아와 사산 왕조 페르시아 이래로 이란 왕이 대대로 사용한 칭호이다.

사파비 왕조는 오스만 제국의 군주 술탄(황제)에게 대항하고자 '샤한 샤(왕 중의 왕, 즉 황제)'라는 칭호를 사용하기도 했다. 시아파를 국교로 정한 사파비 왕조는 수니파인 오스만 제국과 싸웠다. 그러나 1514년 타브리즈 서북쪽 찰디란 전투에서 총으로 무장한 예니체리 군단을 상대로 고전한 끝에 패배했다. 사파비 왕조는 5대 샤 아바스 1세 때 이스파한을 새로운 수도로 건설하며 전성기를 맞이했다.

가이바와 최후의 심판의 날

마호메트의 혈통을 중시하는 시아파는 급진적 성향이 강했다. 이란 왕조는 수니파에 적개심이 강한 인물들을 군대 요직에 배치해 군사력을 강화했다.

이란인들이 인정하는 정통 이맘은 초대 알리부터 12대 마호메트 알문타자르까지이다. 이 계보에 총 12명의 이맘이 있기 때문에, 12이맘파라고 한다. 이후 직계 후계자가 끊겼으나 사람들은 이맘이 죽어서 없어진 게 아니라 단지 자취를 감춘 것이라 여긴다. 이러한 은둔을 가리켜 '가이바'라고 한다. 시아파는 가이바 상태에 있는 이맘이 최후의 심판

도표 31-1 _ 시아파 계보

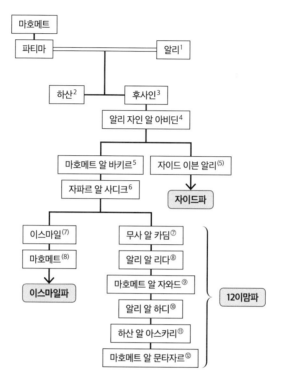

```
                    마호메트
              ┌──────────────┐
              파티마 ─────────── 알리¹
                     │
        ┌────────────┴────────────┐
       하산²                    후사인³
                                  │
                        알리 자인 알 아비딘⁴
                                  │
              ┌───────────────────┴──────────────┐
        마호메트 알 바키르⁵              자이드 이븐 알리⁽⁵⁾
              │                               ↓
        자파르 알 사디크⁶                   [자이드파]
              │
      ┌───────┴──────────┐
   이스마일⁽⁷⁾        무사 알 카딤⑦
      │                 │
   마호메트⁽⁸⁾       알리 알 리다⑧
      ↓                 │
  [이스마일파]    마호메트 알 자와드⑨
                        │
                  알리 알 하디⑩
                        │
              하산 알 아스카리⑪
                        │
          마호메트 알 문타자르⑫    [12이맘파]
```

• 원 안의 숫자는 12이맘파, 괄호 안의 숫자는 이스마일파 계보이다.

날 세상에 재림한다고 믿는다.

시아파 중에는 12이맘파 외에 이스마일파와 자이드파가 있으며, 각기 이맘 계승에 대한 견해가 다르다. 일찍이 부와이 왕조(이란)와 파티마 왕조(이집트)는 이스마일파를 신봉했는데, 사파비 왕조가 12이맘파를 신봉한 이후 시아파 대부분은 12이맘파가 된다.

옛 이맘의 가족과 후손, 그들의 혈통을 샤리프(혈통을 뜻하는 아랍어)라고 한다. 이란은 호메이니, 알리 호세인 하메네이 등의 샤리프가 최고지도자를 맡아 이맘이 재림하는 날까지 통치를 대행한다. 그래서 이란은 국민이 선출한 대통령보다 최고지도자가 더 막강한 권한을 갖고, 국가의 최종 의사 결정자로 군림하는 것이다. 대통령은 수상으로서 의회와 행정을 다스린다.

정치에서도 시아파 사상을 실천한다는 면에서, 이란은 종교 국가라할 수 있다. 이란 대통령 하산 로하니는 흰색 터번을 두르며 하메네이는 검은색 터번을 두른다. 터번은 보통 흰색이지만 샤리프에게는 검은색 터번이 허용된다.

패권 다툼의 무대가 된 이란

이란과 미국의 대립이 심각해지고 있다. 2019년 호르무즈 해협에서는 일본 유조선 피격사건이 발생하기도 했다. 미국은 이란의 소행이라 주장했고, 이란이 미군의 정찰 드론을 격추시킨 데 대한 보복으로 이란군 미사일 시스템에 사이버 테러를 감행했다. 2020년 1월에는 이란 혁명수비대 정예군 '쿠드스군'의 거셈 솔레이마니 사령관이 미국의 공습으로 사망하는 사건도 있었다. 이란이 세계적 위기의 진원지가 된 것이다.

미국 트럼프 전 대통령은 2018년 5월 서방 6개국과 이란이 맺은 이란 핵합의(2015년 체결)를 파기하고, 이란에 경제 제재를 재개했다. 유럽 국가들의 만류에도 불구하고 합의를 파기한 트럼프 대통령은 타협의 산물로

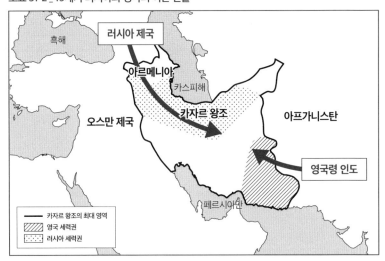

도표 31-2 _ 19세기 러시아와 영국의 이란 진출

러시아 제국

흑해

아르메니아

카스피해

오스만 제국

카자르 왕조

아프가니스탄

영국령 인도

페르시아만

—— 카자르 왕조의 최대 영역
▨ 영국 세력권
⋯ 러시아 세력권

체결된 이란 핵합의로는 이란의 핵무장을 막을 수 없다고 주장했다. 미국은 같은 해 4월, 시리아의 아사드 정권이 화학 무기를 사용했다는 이유로 영국과 연합하여 시리아 화학무기 시설에 미사일 공격을 단행했다. 시리아에 대한 공격은 2017년 4월에 이어 두 번째였다.

한편 러시아는 시리아를 지원하며 이란과 연합했다. 현재 미국과 이란의 대립은 중동의 풍부한 자원을 둘러싼 미국과 러시아의 패권 싸움이라는 거시적 구도로 볼 필요가 있다. 그리고 강대국의 이러한 패권 다툼 구도는 19세기 이래 중동에서 한 번도 바뀐 적이 없었다.

19세기에 러시아는 남하 정책에 따라 이란(당시는 카자르 왕조)에 진출하여 중동 지배의 거점으로 삼았다. 러시아는 이란으로부터 아르메니아를 빼앗고, 카스피해 동부 연안을 경유하는 루트로 이란에 들어가 그 동쪽에 있는 아프가니스탄으로 진출했다.

인도 방위를 중시하는 영국도 아프가니스탄에 진출하여 1856년에 이란의 카자르 왕조를 몰아냈다. 카자르 왕조는 영국에 협정을 요청하며 치외법권과 무역상의 특권을 부여했다. 카자르 왕조는 이후 러시아와 영국에게 이중 지배를 받았다.

이때 이란 지배를 둘러싼 러시아와 영국의 격렬한 패권 다툼을 '그레이트 게임'이라고 한다.

도표 31-3 _ 21세기판 그레이트 게임

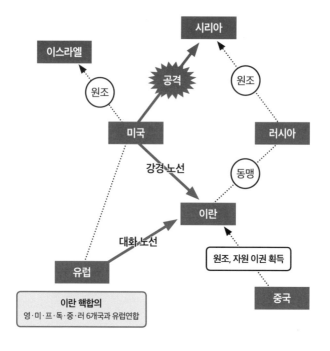

21세기판 그레이트 게임

이란은 약 1억 인구인 이집트에 이어 8,000만 명 이상의 인구를 자랑하는 중동의 대국이며, 중동 최대의 요충지이다. 오늘날도 이란을 중심으로 지정학적 패권 다툼이 계속되고 있다. 〈도표 31-3〉과 같은 '21세기판 그레이트 게임'이 전개되고 있는 것이다. 중국과 유럽까지 가세한 복잡한 국제 분쟁이다. 중동에서 미국의 위상이 흔들리면 중동은 순식간에 러시아에 잠식된다. 유럽은 오랫동안 중동 정책에 미온적으로 대처해왔다.

트럼프 대통령은 이란에게 "미국을 위협하면 그동안의 역사에서 본 적 없는 보답을 받게 될 것"이라고 경고했다. 트럼프 행정부의 시리아 공격, 이란 핵합의 파기, 미국 대사관의 예루살렘 이전, 이란 혁명수비대 솔레이마니 사령관 살해 등은 중동에 미국의 위상을 재정립하기 위한 중요한 포석이라 볼 수 있다.

그런데 이란과 미국의 불화는 언제 시작되었을까?

제2차 세계대전 후 이란에서는 공업화와 함께 민족자본이 대두하여 국왕과 격렬하게 대립했다. 국왕 팔레비 2세는 민족자본에 대항하기 위해 영국과 미국에 도움을 요청했다. 미국은 이에 협조하기로 하고 팔레비 2세를 적

레자 샤 팔레비 2세 유럽에서 공부한 영향으로 이란의 전통적 종교주의 인습에 거부감을 가지고 있었다. 1961년부터 급진적인 서구화 정책을 펼치며 근대화를 꾀했으나 국민들이 반발하면서 이란혁명이 일어났다.

극 지원했다.

하지만 이란의 민족자본은 시아파 최고지도자 호메이니를 지지했다. 이란 국민들도 그를 따라 영·미 세력을 몰아내는 데 일제히 나서면서, 1979년 이란혁명이 일어났다. 팔레비 2세는 퇴위했고 이후 이집트로 망명한다.

그리고 1980년에 호메이니의 주도로 반미 기조가 강한 이란공화국이 성립되었다. 미국은 호메이니 정권을 무너뜨리기 위해 이웃 이라크를 전폭 지원했고, 같은 해 이란과 이라크의 전쟁이 시작되었다. 이란과 미국의 불화는 이때부터 시작된 것이다.

Chapter 32

이슬람 동포를 외면하는
중앙아시아 국가

e지역 : 흡수
중앙아시아의 이슬람 흡수

종교보다는 돈, 일대일로의 침식

중앙아시아 5개국(카자흐스탄, 우즈베키스탄, 키르기스스탄, 타지키스탄, 투르크메니스탄)은 튀르크계 국가이다. '~스탄'은 페르시아어로 '~이 사는 곳' 또는 '~이 많은 곳'을 뜻한다. 이 지역 종교 인구는 대부분 이슬람교도이다. 중국 서북부의 신장 위구르족은 민족과 종교의 기원으로 볼 때 중앙아시아 문명권에 속한다. 하지만 중앙아시아 5개국은 동포인 위구르족이 중국에 부당한 지배를 받고 있는데도 모른 척 하고 있다.

5개국 중 인구가 가장 많은(약 3,000만 명) 카자흐스탄은 인구의 70%가 이슬람교, 러시아 정교는 26.3%, 소수의 불교도와 유대교도가 있다. 카자흐스탄은 최근 중국과의 관계를 강화하여 중국 자본이 유입되어, 급격한 경제 발전을 이루는 중이다. 현재 중국은 신 실크로드 전략인 일대일로를 탄탄하게 연결하기 위해 디지털 위안화를 결제 수단으로 유통한다. 달러의 기축통화 체제를 파괴하려는 의도다.

중국에 석유를 수출하는 카자흐스탄은 결제 시 달러를 사용하기 때문에 거래 내용이 미국에 고스란히 전달된다. 그래서 달러 결제를 피하기 위한 효과적 도구로 디지털 위안화를 도입하고 있는 것이다.

이 밖에 중국은 제5세대 이동통신 시스템(5G)을 통한 영향력 증대를 노린다. 일대일로 경제권에 대규모 광섬유망을 설치하여 화웨이(화웨이 기술) 등 중국 제조사에서 만든 통신기기를 접속해, 중국 상권으로 끌어들이려는 것이다. 일대일로 경제권 형성에 가장 적극적인 나라가 카자흐스탄을 비롯한 중앙아시아 국가들이다.

국토 대부분이 산악지대로 이루어진 타지키스탄은 5개국 중 최빈국이다. 경제 상황이 매우 안 좋았으나, 최근 중국 자본이 투입되어 개발이 급속도로 진행 중이다. 정부 청사와 국회의사당까지 중국의 원조로 재건축되었다. 타지키스탄은 중국에 진 거액의 빚을 변제하지 못해 '채무 함정'에 빠질 가능성도 있다. 채무 함정이란 중국이 가난한 나라를 빚쟁이로 만들어 채무 노예화하는 것을 말한다. 이미 중국 기업은 빚을 돌려받는 대신 타지키스탄의 금광 이권 등을 취하고 있다.

중국 의존도가 지나치게 높은 중앙아시아 국가들은 위구르족에게 일

도표 32-1 _ 중앙아시아 5개국과 주변국

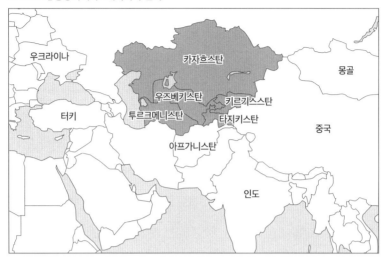

어나고 있는 일이 자국에도 닥칠 수 있다는 위기의식이 거의 없다. 또한 중앙아시아 국가들의 중국 의존도가 높을수록, 인도 및 중동 국가와의 관계가 흔들려 지정학적 불안 요인이 증가하게 된다.

이슬람교에 흡수된 교역민

중앙아시아 지역은 원래 튀르크인이 아닌 소그드인 등의 이란인이 살던 곳이다. 이들은 실크로드에서 활약하던 교역민이었는데, 이슬람교를 적극 도입하여 9세기 후반 이란계 이슬람 왕조인 사만 왕조를 세웠다. 사만 왕조의 수도는 부하라(현재의 우즈베키스탄 중부)였다. 이곳 출신의 이란인 이븐 사나는 사만 왕조 전성기에 『의학전범』 등을 저술하며 활약했다.

튀르크인들은 원래 지금의 중국 신장위구르자치구와 그 북부에 거주했으며, 사만 왕조가 건국될 무렵 본격적으로 서진했다. 그들은 중앙아시아로 들어가 999년에 사만 왕조를 멸하고 카라한 왕조를 세웠다. 이때 튀르크인들도 이슬람화되었다. 사만 왕조 시대의 이란인들은 남쪽 타지키스탄 산악 지대로 피난했는데, 그 영향으로 타지키스탄은 다른 중앙아시아 국가들과 달리 지금도 페르시아어 계열의 언어를 사용한다.

13세기에 몽골이 진출하면서 이 지역 튀르크인들은 몽골인에게 복속되었다. 그 과정에서 몽골인도 이슬람화되었다. 이처럼 이슬람의 힘은 각 민족을 단기간에 흡수할 만큼 강력했다. 14세기에는 몽골인의 후계 정권인 티무르 제국이 이슬람교 국가로 건국되었다. 티무르 제국의 건국자 티무르는 튀르크인과 몽골인의 혼혈이었지만, 칭기즈칸의 후예를 자처하며 몽골인들을 지지 기반으로 삼았다.

티무르 제국은 실크로드의 요충지 사마르칸트(우즈베키스탄 서쪽 도시)에 수도를 두었다. 그들은 동서 교역과 함께 발전했으나, 15세기 후반 이후 대항해 시대로 바닷길이 사용되면서 실크로드 교역이 중단되어 쇠퇴했다.

튀르크인들이 다시 득세하는 가운데 티무르 제국은 1507년에 튀르크계 우즈베크족의 대규모 침공을 받고 멸망했다. 우즈베크족을 이끈 샤이바니는 샤이반 왕조를 세웠다. 이슬람 국가 샤이반 왕조는 16세기 말에 수도 부하라를 중심으로 전성기를 누렸다. 해당 영역은 오늘날 중앙아시아 5개국에 걸쳐 있었다.

그 후 샤이반 왕조는 히바한국, 부하라한국, 코칸트한국으로 분열되었다. 바로 우즈베크 삼한국이다. 삼한국의 힘은 이슬람 세계의 맹주였던 오스만 제국과 이란 왕조에 밀리지 않을 만큼 막강했다. 하지만 구태의연한 봉건주의 지배를 지속하다가, 19세기에 근대화를 이룬 러시아 제국이 남하하자 저항하지 못하고 정복당했다. 러시아 제국은 튀르크인을 가혹하게 지배했지만, 이슬람교에 관해서는 필요 이상으로 간섭하지 않는 방치 정책을 취했다.

종교라는 이름의 아편

1917년 러시아 혁명 이후, 이 지역을 이어서 지배한 소련은 튀르크인들을 노예처럼 부렸고 종교의 자유도 빼앗았다.

마르크스-레닌주의는 무신론에 의거해 '종교는 아편'이라고 주장하며 이슬람교를 거칠게 탄압했다. 이슬람법과 법정의 중지, 모스크 파괴, 아랍 문자 폐지, 이슬람력 사용 금지, 『코란』을 비롯한 이슬람 서적의 소지 및 출판 금지, 여성의 베일 착용 금지 등의 탄압 정책을 실시했다.

오스만 제국에 엔베르 파샤라는 인물이 있었다. 엔베르는 중앙아시아 튀르크계 민족들을 통일해, 민족이 대동단결한 강력한 튀르크 국가를 만들겠다는 염원이 있었다. 1914년 제1차 세계대전이 발발하자 엔베르는 남하 정책을 펼쳐 중앙아시아를 장악한 러시아 세력과 싸웠다. 그러나 영국의 공작으로 아랍 민족들이 반란을 일으키면서 오스만 제국은 내부적으로 붕괴하기 시작했다.

엔베르는 제1차 세계대전 후
에도 이스탄불을 떠나 중앙아시
아에 잠복했다. 그는 지론인 튀
르크계 민족의 통일을 주장하며
소비에트 정권을 상대로 게릴라
투쟁을 전개했다. 그러나 엔베르
의 부대는 소비에트 적군의 공세
에 궤멸되고 말았다.

반면에 현실주의자였던 무스
타파 케말은 튀르크 민족 통일이
라는 엔베르의 이상을 따르지 않
고, 아나톨리아반도와 이스탄불

엔베르 파샤 1908년 오스만 제국 헌법의 부활을 요구하며 장
교 및 군사들과 청년 튀르크 혁명을 일으켰다. 동료 무스타파 케
말(아타튀르크) 등과 함께 보수파에 맞서 싸웠으나, 훗날 튀르크계
민족 단결을 구상하는 과정에서 의견이 엇갈려 갈라섰다.

을 방어하는 데 전념했다. 제1차 세계대전에서 오스만 제국이 패한 후
케말은 앙카라에서 임시 정부를 구성했다. 러시아 혁명으로 새로이 성
립된 소비에트 정권은 케말이 이끄는 앙카라 정부를 지원했다. 엔베르는
무스타파 케말의 현실주의 노선을 패배주의로 여겼다.

제2차 세계대전 중인 1940년대, 독일에 대항해야 했던 소련은 남부
중앙아시아와 터키인의 협력을 구하고자 이슬람 탄압 정책을 완화했다.
냉전 시대에도 서방 국가에 대항하기 위해 이슬람 회유 정책을 취했다.
그리고 소련의 붕괴하자, 마침내 중앙아시아 국가들이 독립을 이루면서
이슬람 복권이 이루어졌다.

그러나 오랜 탄압은 신앙의 열기를 꺼트렸다. 대부분의 인구가 이슬람교도임에도 신앙의 형태는 자유로운 편이다. 이것이 오늘날 중앙아시아에서 중국 자본을 환영하는 이유이다.

Chapter 33

유대교 속에 깃든
해묵은 원한과 증오

f지역 : 대립
이스라엘인의 유대교

야훼와 알라는 같은가

일반적으로 유대교, 기독교, 이슬람교의 신은 같다고 한다. 그러나 이러한 표현은 오해를 사기 쉬워서, '같은 신을 믿는 사람들끼리 왜 대립하는가'라는 의문을 낳는다. 전지전능한 세상의 창조자, 근원자를 신으로 하는 것은 앞의 세 종교에 국한되지 않는다. 애초에 이 세상 모든 존재의 근원자는 유일하다. 하지만 각 종교가 믿는 신은 다르다.

신을 파악하는 방식은 종교마다 다르며, 그 과정에서 형성되는 신의 개념도 다르다. 본질적으로 종교가 개념적 존재인 한, 개념이 다르면 자연히 신도 달라진다. 유대교 신의 이름인 '야훼' 또는 '야베'는 '옛날에 있었고 지금도 있는 자'를 뜻하는 히브리어의 머리글자를 딴 것이다. 야훼가 이슬람교의 알라와 같은 존재냐고 묻는다면 전혀 다르다고 답할 수밖에 없다.

참고로 '알라'는 신의 이름이 아니라 '신'을 뜻하는 아랍어 보통 명사이다. 야훼와 알라 모두 '신'을 뜻하지만, 이를 나타내는 방식이 서로 다르기 때문에 결국 각 종교가 표상하는 신이 달라진다. 기독교의 예수 그리스도는 신과 일체를 이룬다. 그리스도는 구세주라는 뜻이다.

유대교, 기독교, 이슬람교는 서로 교리나 신앙의 내용이 다르고 엄연히 분리되어 있지만, 연장선상에 있는 측면도 있다. 기독교는 유대교 세계관에, 이슬람교는 유대교와 기독교에 큰 영향을 받았다. 또한 이 3가지 종교는 『구약성서』의 아브라함과 그 아들들의 이야기를 공유한다 하여 '아브라함의 종교'로 불리기도 한다.

마호메트는 유대교와 기독교에 모두 등장하는 천사 가브리엘에게 계시를 받았다. 다만 신의 사자인 천사가 같다고 해서 신도 같은 것은 아니다. 앞서 말했듯이 신에 대한 인식과 이를 나타내는 방식이 다르기 때문이다.

유대인이 미움 받는 이유

유대인은 뛰어난 경제력으로 존경을 받기도 했지만, 사사건건 돈으로 계산하는 자세 때문에 박해와 차별을 당하기도 했다. 유대인은 자기 나라가 없는 소수민족이었다. 병력으로는 강자에게 이길 도리가 없었던 유대인은 이국에 자리를 잡고 경제력으로 승부하려고 했다. 또한 유대교는 유대인은 신에게 선택받은 민족이라는 선민사상과 유대인 우월주의에 빠져 배타적 비밀 사회를 구성하고 있었다. 이것도 유대인 박해의 커다란 원인이 되었다.

유대인, 즉 히브리인은 원래 시나이반도에 살고 있었으나 새 왕국 이집트에 모진 박해를 당하다가 예언자 모세를 따라 가나안(팔레스타인)으로 이주했다. 가나안에 히브리 왕국을 세운 유대인들은 기원전 10세기 다윗왕, 솔로몬왕 시대에 전성기를 누렸다. 그리고 예루살렘에 야훼의 신전이 건설되고 히브리의 민간신앙이 통합되면서 유대교의 원형이 만들어졌다.

초기에는 번성했던 히브리 왕국은 이내 북쪽 이스라엘 왕국과 남쪽 유다 왕국으로 분열되어 세력을 잃고 근방 아랍인들에게 지배당했다. 기원전 6세기 아랍인의 신바빌로니아 왕국이 유다 왕국을 멸망시키고, 수많은 유대인이 바빌론(바그다드에서 남쪽으로 90km 떨어진 고대 도시)에 노예로 끌려갔다(바빌론 유수). 그들은 유다 왕국의 유민이라는 의미에서 '유대인'이라 불리게 된다.

이때 유다 왕국에 대한 신바빌로니아 왕국의 파괴와 유대인 탄압이 너무나 가혹했기 때문에 유대인 사이에 독특한 연대의식이 생겼다. 그리고 나아가 시련을 겪은 유대인은 반드시 신의 구원을 받을 것이라는 선민사상이 형성되었다. 종교(일신교)는 박해 속에서 싹트기 때문에 본질적

『바빌론으로 끌려가는 유대인』(제임스 티소 그림, 1896~1902년, 뉴욕 유대인박물관 소장) 바빌론 유수는 '조국을 빼앗긴 유대인'의 비극을 강조한 『구약성서』의 내용이며, 현재 유대인의 팔레스타인 귀환을 주장하는 근거로 사용된다.

으로 왜곡된 정신성이나 르상티망(복수적) 사상이 내재되어 있다. 특히 유대교는 박해의 역사가 길고 혹독했기 때문에 그러한 경향이 더욱 강했던 것이다.

이후 아케메네스 왕조 페르시아가 오리엔트를 통일하면서, 유대인은 그 지배 아래 들어간다. 이 시기에 『구약성서』가 본격적으로 편찬되어 유대교는 조직의 성격을 띠게 되었다.

유대 금융의 기원

기원전 1세기, 로마 제국이 건국된 후 유대인은 그들에게 박해를 당하다

뿔뿔이 흩어지게 된다. 이를 '디아스포라'라고 한다. 유럽으로 건너간 유대인은 당시 유럽에서 천한 직업으로 취급되던 대금업을 시작했는데, 이것이 유대 금융자본의 출발점이 되었다.

중세 유럽의 기독교 사회는 이자 징수를 죄악시했기 때문에 기독교인은 금융업의 규모를 확장할 수 없었다. 반면 유대교인은 이자 징수가 허용되었다. 다만 이자를 징수할 수 있는 상대는 유대인이 아니라 외국인이었다. 『구약성서』「신명기」에는 "외국인에게는 이자를 받고 돈을 빌려줘도 된다. 하지만 형제에게는 이자를 받고 돈을 빌려서는 안 된다"라고 되어 있다. 이러한 계율이 유대인에게 독선적이고 인정사정없는 고리대금업자의 이미지를 심어주었다. 셰익스피어의 희곡 『베니스의 상인』에 등장하는 탐욕스러운 유대인 대금업자 샤일록이 그 전형적인 예다.

로마시대부터 축적된 정보와 네트워크, 금융기술을 바탕으로 근대 이후 거대 유대 자본인 로스차일드(영국)와 JP모건(미국)이 탄생했다. 영국과 미국에서 성공한 유대 재벌들은 양국의 정치에 큰 영향력을 미쳤다.

유대인은 19세기 이후 '시오니즘 운동'을 전개했다. 시온은 예루살렘의 옛 이름이다. 이 운동의 목표는 약속의 땅 팔레스타인으로 돌아가 유대인 국가를 재건하는 것이다. 이 또한 유대인의 자금력으로 이루어지고 있다. 유대인은 영국과 미국에 자금을 지원하고, 그 대신 팔레스타인 지역에 유대인 국가를 세울 수 있도록 협조한다는 약속을 받았다. 그래서 이 지역에서 유대인과 아랍인(팔레스타인인)의 무력 충돌이 일어났고, 오늘날까지 대립이 이어지게 되었다.

돈을 좋아하는 바리새인들

기독교가 『신약성서』에서 검소한 삶을 찬양하는 것과 대조적으로, 유대교에서는 부와 재화의 축적을 최고의 가치로 여긴다. 그들은 '돈은 무자비한 주인인 동시에 뛰어난 하인'이라고 가르친다. 또한 사유 재산을 중시하여 타인의 재물을 훔치거나 빼앗은 사람에게는 극형을 포함한 엄벌에 처한다. 그리고 재산에 손해를 입은 경우, 상세한 벌금 및 배상 규정이 있어 최대한 소유권이 보호된다.

유대교는 부와 재화의 소유를 긍정했기 때문에 가진 자와 못 가진 자의 격차가 크게 벌어졌다. 또 엄격한 계율주의가 있어 사회를 경직되게 만들었고, 신분과 인재의 유동이 막혀 침체의 원인이 되었다. 기원전 30년 로마가 지중해 세계를 통일하고 로마 제국의 지배가 이루어지는 가운데 각 지역은 정치·경제적으로 격변의 시기를 보내고 있었다. 그러한 상황에서 유대교 빈곤층이 개혁과 변화의 목소리를 높이게 되었다. 그때 등장한 것이 예수 그리스도이다.

예수 그리스도는 빈곤층을 구원하는 혁명가 역할을 했다. 『신약성서』「누가복음」에 다음과 같은 내용이 있다. "바리새인들은 돈을 좋아하는 자들이라 이 모든 것을 듣고 비웃거늘 예수께서 이르시되 너희는 사람 앞에서 스스로 옳다 하는 자들이나 너희 마음을 하나님께서 아시나니 사람 중에 높임을 받는 그것이 하나님 앞에 미움을 받는 것이니라."

바리새인은 유대교 보수파로서 계율을 중시하는 부유층이었다. 예수는 부를 부정했고 "가난한 자에게 복이 있나니"라고 말하며 가난에 시달렸다. 그는 매춘으로 죄 지은 여성, 도둑질로 죄 지은 자에게도 구원의 손길을 내밀었다.

기독교는 본질적으로 부를 부정한다. 『신약성서』에는 "부하려 하는 자들은 시험과 올무와 여러 가지 어리석고 해로운 욕심에 떨어지나니 곧 사람으로 파멸과 멸망에 빠지게 하는 것이라(「디모데전서」)" "다시 너희에게 말하노니 낙타가 바늘귀로 들어가는 것이 부자가 하나님의 나라에 들어가는 것보다 쉬우니라 하시니(「마태복음」)"라는 내용이 있다. 가난으로 고통 받은 자들은 죽어서 신의 구원을 약속 받는다.

유대교 보수파는 이러한 예수의 입장에 반발했다. 그래서 로마 제국의 총독에게 예수가 민중을 선동하여 폭동을 일으키려 한다고 고하여 그를 처형시켰다. 주 예수를 죽음으로 내몬 유대인의 죄는 기독교인에게 영원한 것이 된다.

다시 떠오른 유대 음모론

예전부터 '유대 음모론'이라는 것이 떠돌았다. 유대인이 거대한 금융 자본을 배경으로 옛날부터 지금까지 전 세계를 조종한다는 설이다. 유대교는 폐쇄적인 종교이다. 신자들이 전 세계에 있지만, 그 실체는 베일에 가려져 있다. 이 독특한 폐쇄성이 유대인에 대한 다양한 상상을 불러일으킨다.

역사적으로 유대인이 강력한 경제력으로 국제 정치를 움직인 일은 적지 않게 있었다. 그들의 실력을 과소평가해서는 안 되겠지만, 과대평가해서도 안 될 것이다. 최근 다시 떠오르는 유대 음모론 중 가장 대표적인 것은 유대계 자본인 국제 금융자본이 뉴욕 월스트리트와 런던에 본부를 두고 미국과 영국의 주요 미디어를 소유하여 전 세계 사람들을 세뇌하고 조종한다는 것이다. 트럼프 대통령은 국제 금융자본의 음모와 싸운다고 한다.

또 이 음모론에 따르면 국제 금융자본은 2번의 세계대전에서 전쟁 사업으로 막대한 돈을 벌어, 미국에 CIA와 FRB를 만들고 대통령까지 감시·조종한다. 나라가 없는 유대인들에게 각국의 주권은 방해물이다. 그래서 전 세계 국가의 주권을 폐지하고 국경을 없애, 국적 없는 글로벌리즘을 추진하려 한다는 것이다.

유대인들이 디아스포라로 나라를 잃고 각국의 권력자들에게 자금을 지원하며 영향력을 행사한 것은 사실이다. 지금도 영향력이 있다. 그러나 유대 음모론은 그러한 도식에 모든 일에 끼워 맞추기 때문에 문제가 된다. 유대인이 깊이 관련된 일이 있는가 하면 그렇지 않은 일도 있다. 유대 음모론을 주장하는 지식인들의 논거를 자세히 살펴보면, 지극히 부분적인 상황 증거 내지 주관적 증언이다. 그들은 어떤 이유에서인지 록펠러 같은 와스프(WASP)계 재벌까지도 유대 자본 재벌로 간주하는데, 그 근거가 충분치 않다.

유대계 금융자본은 전 세계에 존재하기 때문에 다양한 일에 자금 각출 형태로 관련되어 있는 경우가 많다. 그 관계를 지나치게 확대 해석하여 세상을 유대인이 조종한다고 주장하는 것이 바로 '유대 음모론'의 특징이다. 더 놀라운 것은 많은 사람들이 이러한 음모론을 진실로 받아들이며, 인터넷 등에 열심히 동조의 글을 올린다는 점이다. 음모론은 이야 깃거리로서 재미있기 때문에 사람들이 쉽게 빠져든다. 또한 복잡한 현상을 한마디로 설명할 수 없을 때, 음모론으로 묶어버리면 설득력을 갖게 되는 경우가 있어 순식간에 파장이 일어나는 것이다.

그러나 국제 정치는 일부 흑막 세력이 좌지우지할 만큼 단순하지 않다.

Chapter 34

이슬람교와 기독교,
천년 전쟁의 최전방

g지역 : 내분
아프리카의 종교 대립

종교 분단의 최전방

오늘날 아프리카의 종교는 크게 2가지 영역으로 나눌 수 있다. 이슬람교도가 다수를 차지하는 사하라 사막 이북 지역과 기독교도가 다수를 차지하는 사하라 사막 이남 지역이다.

근대에는 이슬람교와 기독교의 분단선이 발칸반도에 있었다. 오스트리아 제국과 러시아 제국은 이슬람교국인 오스만 제국에 압력을 가하며 발칸반도 진출을 시도했고, 제1차 세계대전이 발발했다. 오늘날 두 세력의 분단선은 아프리카 대륙으로 이동했고, 그 위에서 끊임없는 싸움이 이

도표 34-1 _ 아프리카 종교 대립의 분단선

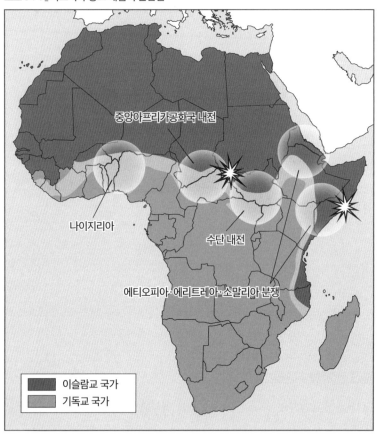

중앙아프리카공화국 내전

나이지리아

수단 내전

에티오피아·에리트레아·소말리아 분쟁

이슬람교 국가
기독교 국가

어지고 있다. 분단선 동쪽 수단에서는 1950년대 이후 두 차례에 걸쳐 내
전이 일어났다. 수단 북부는 수도 하르툼을 중심으로 이슬람교도가 많았
는데, 기독교도가 많은 남부와 종교적으로 대립하다 내전으로 발전했다.

2011년, 오랜 내전 끝에 수단 남부가 남수단 공화국으로 독립했다. 그러나 남수단에 남겨진 이슬람교 세력은 여전히 남수단 정부와 항쟁을 이어가는 등 석유 자원 문제 등을 둘러싼 두 종교의 세력 다툼이 수그러들지 않고 있다.

분단선 중부는 아프리카 최빈국인 중앙아프리카공화국에서 내전이 발생했다. 이슬람교 세력과 기독교 세력의 거듭된 군사 충돌은 수많은 사망자를 낳았다. 분단선 서쪽 나이지리아에서도 두 종교 세력이 격렬하게 대립하고 있다. 각 종교의 과격파에 의해 테러와 분쟁이 발생하고 있다. 나이지리아는 기독교인과 이슬람교인의 인구 비율이 비슷하다.

그리고 무엇보다 가장 극심하게 대립하고 있는 곳은 분단선의 가장 동쪽에 위치한 에티오피아 지역이다(다음 단락에서 설명). 그 밖에도 분단선 상에 드러나지 않았을 뿐 여러 가지 이권을 둘러싼 두 종교 세력의 분쟁이 끊이지 않고 있다.

북아프리카에 기독교가 침투하지 못한 이유

아프리카를 반으로 나눈 듯한 종교 대립은 왜 일어나는 것일까? 근대 이전의 아프리카는 이슬람교가 압도적 다수를 차지했다. 북아프리카는 물론, 중부 및 서부 아프리카에는 13~14세기에 번성한 말리 왕국, 15~16세기에 번성한 송가이 왕국 등 강대한 이슬람 왕국이 존재했다. 아프리카 동부 해안에 형성된 말린디, 몸바사, 잔지바르, 킬와 등의 해항 도시는 10세기경부터 이슬람화되어 있었다.

그러다가 이슬람의 안성석인 기반이 붕괴된 것은 유럽이 아프리카 식민지화에 나선 19세기 이후의 일이다. 유럽인들은 기독교를 통해 미개한 땅을 문명화하겠다는 우월주위에 빠져 기독교를 포교했다. 조직적인 기독교 전파는 아프리카에 기독교 문화를 자연스럽게 정착시켰고, 유럽인들과 가까웠던 현지 상류층은 기독교 개종에 적극적으로 나섰다. 중·남부 아프리카는 영국과 독일의 식민지였던 나라가 많아서 대부분 프로테스탄트이다.

하지만 북아프리카의 이슬람교도들은 이러한 움직임에 저항했다. 북아프리카에는 고대 이후 많은 아랍인(셈계)이 식민지 개척을 위해 정착했고, 중세에는 이슬람 세력의 판도에 편입되면서 민족적으로 아랍화가 진행되었다. 아랍인의 피를 이어받은 북아프리카인은 이슬람교에 대한 믿음이 강해 기독교를 받아들이지 않았다.

반면에 사하라 사막 이남 지역인 블랙 아프리카는 이슬람교에 강한 집착이 없어서 쉽게 기독교를 받아들였다. 그러나 유럽의 기독교 선교는 아프리카에 종교 분단이라는 부정적 유산을 남겼고 지금까지도 이 문제가 해결되지 않고 있다.

또 아프리카에는 전통적인 토착 종교가 뿌리 내리고 있어 외래 종교를 받아들이지 않은 지역도 많다. 토착 종교가 기독교나 이슬람교와 혼합된 형태도 볼 수 있다

살아남은 옛 기독교, 콥트교

아프리카의 기독교는 대부분 19세기에 유럽의 식민지화에 의해 확산되

었으나, 로마제국시대에 전파된 옛 기독교도 일부 남아 있다. 이러한 옛 기독교를 콥트교라 부른다. '콥트'는 이집트인을 뜻하는 그리스어 '아이깁토스'가 변형된 말이다. 즉 콥트교는 이집트판 기독교인 셈이다.

로마제국시대부터 독자적인 교리를 발전시킨 콥트교는 이집트와 북부아프리카에 정착했다. 또 4세기에 에티오피아의 악숨 왕국에도 전파되었다. 악숨 왕국은 콥트 기독교를 공식적으로 인정했다. 7세기에 이슬람 세력이 이집트를 정복하자 콥트교도들은 남쪽 에티오피아로 도망치거나 이슬람교로 개종했다. 그래서 이집트와 북아프리카에는 콥트교가 거의 남아있지 않지만, 에티오피아에는 남아 있는 것이다.

에티오피아는 1936년부터 1941년까지 이탈리아에 잠시 지배당했으나 이전까지는 독립을 유지했다. 유럽 열강이 에티오피아를 식민지화하지 않은 것은 국제 정치적인 이유도 있지만, 기독교 국가였기 때문이라는 종교적 이유도 컸다. 1959년 에티오피아 기독교회는 콥트교의 흐름을 반영하여 '에티오피아 정교회'로 이름을 바꾸었다. 오늘날 에티오피아는 기독교도가 전 인구의 60%를 차지하며, 이슬람교는 약 30%이다.

에티오피아 지역의 종교 분단

에티오피아도 아프리카 종교 대립의 분단선 위에 있어 인근 에리트레아, 소말리아와 끝없이 종교 분쟁을 벌이고 있다.

제2차 세계대전 중이던 1941년, 영국군이 에티오피아에서 이탈리아군을 물리쳤다. 영국의 보호령이었던 에티오피아는 전쟁이 끝난 1952년

에 에리트레아와 함께 연방국가로 독립했다.

그러나 1962년에 에티오피아가 에리트레아를 강제로 병합한다. 이슬
람교도가 많은 에리트레아는 기독교도가 많은 에티오피아에 격렬하게

반발하며 독립전쟁에 돌입했다. 1974년 에티오피아의 제정이 무너지고 맹기스투가 군사 독재 정권을 수립했다. 맹기스투 정권은 에리트레아에 대한 군사 공격을 강화했다. 1991년 맹기스투 정권이 무너지자, 1993년에 에리트레아에서 분리 독립을 요구하는 주민투표가 실시되어 에리트레아가 독립하게 되었다.

에리트레아가 독립한 후에는 에티오피아-에리트레아 국경 분쟁이 발생했다. 유엔이 몇 차례 개입하여 정전 합의를 이끌어냈지만, 합의를 파기하고 분쟁을 재개하는 상황이 반복되고 있다. 이러한 분쟁은 소말리아까지 영향을 미쳐 한층 사태를 복잡하게 만들고 있다. 이슬람교도가 많은 소말리아는 비슷한 상황의 에리트레아와 연합하여 에티오피아에 압력을 가하고 있다.

2006년 에티오피아는 미국의 지원을 얻어, 이 지역에서 이슬람교가 득세하는 것을 저지하고자 소말리아를 침공했다. 그러다가 2009년에 철수했지만, 대립은 여전히 계속되고 있다. 에리트레아가 소말리아의 이슬람 무장 조직 알샤바브를 지원하고 있어, 지역 내 기독교 세력과 이슬람교 세력의 대립이 더욱 심각해질 것으로 보인다.

* * *

종교는 국가와 정치에 이용된다. 국가 및 정치 이권 다툼의 추악함이 종교적 사명이라는 미명하에 조작되고 은폐되는 것이다. 특히 일신교는 절대적인 진리를 내세우며 항쟁을 조장하는 요인으로서 존재해왔다.

한편 이러한 대립은 순수한 종교 이념이 아닌, 세속적인 이권 다툼에서 비롯되었다. 그러한 측면에서 세속 간의 갈등을 해소하면 종교는 서로 평화롭게 공존할 수 있었다는 것을 역사는 보여준다. 결국 종교 자체에 문제가 있는 것이 아니라 종교를 항쟁의 도구로 이용하는 인간의 사고에 문제가 있는 것이다.

신은 말 없이 침묵하는 자다. 그러나 신은 인간의 뜻에 따라 늘 큰 목소리를 낸다.

참고문헌

飯山陽 『イスラム2.0：ＳＮＳが変えた1400年の宗教観』 (河出新書) 2019年

石井公成 『東アジア仏教史』 (岩波新書) 2019年

石澤良昭、生田滋 『東南アジアの伝統と発展 (世界の歴史13)』 (中央公論) 1998年

石澤良昭 『東南アジア 多文明世界の発見』 (講談社) 2009年

井筒俊彦 『イスラーム文化—その根柢にあるもの』 (岩波文庫) 1991年

伊藤聡 『神道とは何か—神と仏の日本史』 (中公新書) 2012年

岩村忍 『文明の十字路＝中央アジアの歴史』 (講談社学術文庫) 2007年

植木雅俊 『仏教、本当の教え—インド、中国、日本の理解と誤解』 (中公選書) 2011年

小川忠 『インドネシア イスラーム大国の変貌：躍進がもたらす新たな危機』 (新潮選書) 2016年

小原克博 『ビジネス教養として知っておきたい 世界を読み解く「宗教」入門』 (日本実業出版社) 2018年

小原克博 『一神教とは何か』 (平凡社新書) 2018年

加地伸行 『儒教とは何か』 (中公新書) 2015年

川北稔 『民衆の大英帝国——近世イギリス社会とアメリカ移民』 (岩波現代文庫) 2008年

菊地章太 『ユダヤ教 キリスト教 イスラーム：一神教の連環を解く』 (ちくま新書) 2013年

金達寿 『朝鮮—民族・歴史・文化』 (岩波新書) 2002年

熊谷正秀 『日本から観た朝鮮の歴史—日朝関係全史』 (展転社) 2004年

黄文雄 『漢字文明にひそむ中華思想の呪縛』 (集英社) 2000年

佐藤彰一 『歴史探究のヨーロッパ——修道制を駆逐する啓蒙主義』 (中公新書) 2019年

鈴木董 『オスマン帝国 イスラム世界の「柔らかい専制」』 (講談社現代新書) 1992年

千葉敏之 『1187年 巨大信仰圏の出現 (歴史の転換期)』 (山川出版社) 2019年

陳舜臣 『日本人と中国人——〝同文同種〟と思いこむ危険』 (祥伝社新書) 2016年

中田考 『イスラームの論理』 (筑摩選書) 2016年

中村圭志 『西洋人の「無神論」日本人の「無宗教」』 (ディスカヴァー携書) 2019年

中村元 『古代インド』 (講談社学術文庫) 2004年

南原繁 『国家と宗教——ヨーロッパ精神史の研究』 (岩波文庫) 2014年

橋爪大三郎、中田考 『一神教と戦争』 (集英社新書) 2018年

深井智朗 『プロテスタンティズム—宗教改革から現代政治まで』 (中公新書) 2017年

益尾知佐子 『中国の行動原理—国内潮流が決める国際関係』 (中公新書) 2019年

松本佐保 『熱狂する「神の国」アメリカ 大統領とキリスト教』 (文春新書) 2016年

茂木誠 『日本人が知るべき東アジアの地政学 〜2025年 韓国はなくなっている』 (悟空出版版) 2019年

本村凌二 『多神教と一神教—古代地中海世界の宗教ドラマ』 (岩波新書) 2005年

森和也『神道・儒教・仏教』（ちくま新書）2018年

森本達雄『ヒンドゥー教―インドの聖と俗』（中公新書）2003年

山内昌之『ラディカル・ヒストリー―ロシア史とイスラム史のフロンティア』（中公新書）1991年

山中俊之『世界94カ国で学んだ元外交官が教える ビジネスエリートの必須教養 世界5大宗教入門』（ダイヤモンド社）2019年

吉村均『チベット仏教入門』（ちくま新書）2018年

マックス・ウェーバー（著）、大塚久雄（翻訳）『プロテスタンティズムの倫理と資本主義の精神』（岩波文庫）1989年

パラグ・カンナ（著）、尼丁千津子・木村高子（翻訳）『「接続性」の地政学（上・下）：グローバリズムの先にある世界』（原書房）2017年

パラグ・カンナ（著）、尼丁千津子（翻訳）『アジアの世紀（上・下）：接続性の未来』（原書房）2019年

ウォルター・シャイデル（著）、鬼澤忍・塩原通緒（翻訳）『暴力と不平等の人類史：戦争・革命・崩壊・疫病』（東洋経済新報社）2019年

E・フラー・トリー（著）、寺町朋子（翻訳）『神は、脳がつくった 200万年の人類史と脳科学で解読する神と宗教の起源』（ダイヤモンド社）2018年

ユヴァル・ノア・ハラリ（著）、柴田裕之（翻訳）『サピエンス全史（上・下）文明の構造と人類の幸福』（河出書房）2017年

リチャード・ベッセル（著）、大山晶（翻訳）『ナチスの戦争1918-1949 ――民族と人種の戦い』（中公新書）2015年

スティーブン・ピンカー（著）、幾島幸子・塩原通緒（翻訳）『暴力の人類史』（青土社）2015年

スティーブン・ピンカー（著）、橘明美・坂田雪子（翻訳）『21世紀の啓蒙（上・下）：理性、科学、ヒューマニズム、進歩』（草思社）2019年

ニーアル・ファーガソン（著）、仙名紀（翻訳）『文明：西洋が覇権をとれた6つの真因』（勁草書房）2012年

ローレンス・フリードマン（著）、貫井佳子（翻訳）『『戦略の世界史（上・下）戦争・政治・ビジネス』（日本経済新聞出版社）2018年

マシュー・ホワイト（著）、住友進（翻訳）『殺戮の世界史：人類が犯した100の大罪』（早川書房）2013年

ティム・マーシャル（著）、甲斐理恵子（翻訳）『恐怖の地政学―地図と地形でわかる戦争・紛争の構図』（さくら舎）2016年

ウィリアム・H・マクニール（著）、増田義郎・佐々木昭夫（翻訳）『世界史（上・下）』（中公文庫）2008年

マッシモ・リヴィ＝バッチ（著）、速水融・斎藤修（翻訳）『人口の世界史』（東洋経済新報社）2014年

マット・リドレー（著）、大田直子・鍛原多惠子・柴田裕之（翻訳）『繁栄―明日を切り拓くための人類10万年史』（ハヤカワ・ノンフィクション文庫）2013年

ユージン・ローガン（著）、白須英子（翻訳）『アラブ500年史（上・下）：オスマン帝国支配から「アラブ革命」まで』（白水社）2013年